KB155509

오늘이
내 생의 마지막일지라도

웰다잉 전문가의
<행복한 죽음맞이>를 위한 제언!

오늘이 내 생의 마지막일지라도

박재연 지음

창작시대

웰다잉 – 행복한 죽음을 맞이하기 위하여

독자들은 어릴 적 들었던 '호랑이와 곶감' 이야기를 기억할 것이다. 곶감이 무엇인지 알지 못했던 호랑이는 혼비백산 도망갔지만 만약 알고 있었더라면 그런 낭패를 보지는 않았을 것이다. 오늘날 우리가 죽음을 대하는 태도도 이와 비슷하지 않을까.

필자가 그러한 죽음과 웰다잉의 문제에 천착해 온 지도 10년이 지났다. 그동안 많은 사람들의 경험과 이야기를 들으면서 함께 고민했고 매체를 통해 보도되는 관련 뉴스들을 볼 때마다 숨겨진 의미를 찾으려 애썼다. 그러하기에 이 책은 나의 이야기인 동시에 당신의 이야기이고 우리의 이야기이기도 하다.

이 책은 7가지 주제로 구분되어 있다.

1부 <죽음을 생각한다는 것>에서는 영원할 것만 같은 우리네 삶의 유한성과, 죽음을 생각하는 유익함에 대해 서술하였다. 2부 <생명에 대한 예의>에서는 사람은 물론 동물, 유전자 배아 등 오늘날 생명을 둘러싼 다양한 현상들을 소개함으로써 서로의 생명과 인격을 존중하는 태도를 다지고자 한다. 3부 <품위 있는

죽음>에서는 요즘 사회적 관심사로 떠오른 연명의료에 대한 논의와 더불어 자연사, 안락사에 관한 논점을 서술하였다. 이를 통해 독자들은 자신이 원하는 방식의 마무리를 진지하게 생각해보게 될 것이다. 4부 <이별을 대하는 우리의 자세>에서는 사별과 상실, 떠나는 이와 남은 이들의 슬픔과 치유를 다룸으로써, 행여 내가 먼저 떠난다면 남은 이를 위해 무엇을 해야 할까를 고민해보고자 한다. 5부 <기억, 불멸에 대한 의지>는 장례와 장기기증, 추모예식의 변화에 즈음하여 기억과 불멸에 대한 무의식적 심리에 대해 서술하였다. 6부 <누구나 혼자인 시대의 죽음>에서는 1인 가구가 많은 우리 사회의 전반적 모습을 다룬다. 혼자인 이들은 어떻게 마지막을 준비하는지, 이를 통해 공동체의 소중함을 다시금 인식하게 되었으면 좋겠다. 7부 <영혼과 초월, 그 미지의 세계>는 죽음 이후, 그리고 영혼에 대한 이야기이다. 전통적 시각에서 벗어나 현대적 관점에서 영혼과 사후세계를 다양한 입장을 통해 서술하였다.

책을 읽으면서 그동안 스쳐 지나갔던 일들을 다시금 떠올리게 되리라 기대한다. 부디 죽음에 대해 터놓고 이야기할 수 있는 사회적 분위기를 만드는 데 일조한다면 그것으로 이 책의 의미는 충분할 것이다.

2019년 여름, 박재연

차례

chapter 7

영혼과 초월, 그 미지의 세계

chapter 1

죽음을 생각한다는 것

502호의
비밀

젊은 부부가 마음에 드는 전셋집을 구했다. 그런데 한 가지 이상한 점이 있었다. 분명 4층인데도 현관문에는 502호라고 표기가 되어 있는 것이었다. 집주인은 숫자 '4'가 찜찜해 '5'로 했다고 대수롭지 않게 말했다. 혹시나 하여 살펴보았지만 우편함에도 502호로 씌어 있었고 우편물도 이상 없이 도착하는 듯했다. 마침내 부부는 계약서에 502호로 기재하고 확정일자까지 받았다. 그런데 얼마 후 일이 터졌다. 부부가 입주한 건물이 통째로 경매에 넘어간 것이다. 그렇다면 이 부부는 보증금을 되찾았을까? 유감스럽게도 'NO'였다. 빈손으로 쫓겨났는데 어찌 된 일이었을까?

등기부 등본과 계약서 사항이 서로 달라 '대항력'을 인정받지 못한 것이다. 대항력(對抗力)이란 임차인이 제3자에게 자신의 임대차 관계를 주장할 수 있는 권리를 말한다. 이는 집주인이 바뀌어도 세입자를 보호해주는 권리이기 때문에 세입자로서는 가장 신경을 써야 하는 사항이다. 확정일자를 받는 것은 대항력을 확보하기 위해 가장 중요한 사항이라 할 수 있다.

이처럼 부동산 관련 여러 서류의 사항이 어긋날 때 법에서 최우선으로 치는 것이 등기부 등본이다. 계약서에는 실제대로 '502호'라 썼지만 등기부에는 '402호'라 기재되어 있었던 것이다. 502호는 주인이 편의상 붙인 명칭에 불과했다. 그런데 주인이 402호에 군이 502호 문패를 붙인 것은 누구를 위해서였을까? 아마도 숫자 '4'에서 '죽을 사(死)'를 연상하는 우리 문화와 관련이 깊겠지만, 군이 구분한다면 임대인 자신보다는 향후에 들어올 세입자를 위한 것이 아니었을까. 하지만 결국 그러한 배려가 오히려 세입자를 망쳐 놓고 말았다.

세입자로서는 억울하기 짝이 없는 일이다. '4' 대신 'F' 또는 '5'로 쓰는 것을 다른 데서도 종종 보았을 터이다. 대형빌딩이나 공공건물 등에서도 이런 광경이 낯설지 않은데 하물며 영세한 건물에서야 오죽하랴. 더구나 주인이 문제없다 하니 세입자로서는 더 이상 문제 삼기도 어려웠을 것이다. 학교에서도 이런 중요한 것들을 배우지 못했을 테니 그저 운이 나빴다고나 해야 할까. 숫자를 쓸 때도 '4'자 만큼은 피하고 싶다는, 그러니 죽음을 연상시키는 것은 어떤 것도 막고자 하는 막연한 심정에서 비롯한 일일 터이다. 하지만 이는 손바닥으로 하늘을 가리는 태도라고밖에 볼 수 없을 것 같다. 죽음을 피하고 싶어하는 것도 이해가 되지만 그렇다고 외면만 해야 하는 것일까.

이와 관련한 유명한 실험이 있다. 공동묘지 안쪽과 바깥쪽에 노트북을 떨어뜨려 놓고 '노트북이 주인을 찾아갈 확률이 어느 쪽이 높을까?' 하는 것을 알아보는 실험이다. 결과는 '안쪽'이었다. 사람이 죽음에 가까이 가면 자신도 모르는 새 긍정적이고 이타적인 쪽으로 태도가 바뀐다는 것이다. 아니라고? 묘지 안에 있는 건 재수 없어 아무도 안 주워 가니 주인한테 돌아가는 거라고? 그럴 수도 있겠다. 그렇다면 죽음을 생각하는 것이 꼭 유익하다고 말할 수는 없다고 치자. 하지만 적어도 죽음을 생각하지 않는 것의 치명적 손실만은 확실하지 않을까. 502호 사람들처럼 말이다.

수명
시계

죽을 날을 알려주는 기발한 시계가 있다. 'tikker watch'라는 시계인데 그 의미도 깊을 것 같은 단어 'tikker'는 정작 사전에 나오지 않는다. 가장 비슷한 단어로 'ticker'가 있는데 이는 '재깍재깍' 하는 시계 소리를 의미한다. 이름만 보면 평범한 시계에 지나지 않는 것 같다. 온라인에서 60달러에 팔리고 있다는 이 손목시계는 화면 윗부분에는 일 단위까지의 남은 수명이, 아래에는 현재 시각이 표시된다. 남은 수명은 음주, 흡연, 운동 등 자신의 건강 정보를 시계에 입력하면 그것들을 종합해서 계산된다.

이 기발한 시계를 발명 제작한 사람은 스웨덴의 콜팅이라는 남자이다. 콜팅은 "우리가 언제 떠날지 알 수 있다면 더 나은 선택을 할 수 있을 것이다."라면서 "사람들이 주어진 삶을 소중히

했으면 하는 바람에서 만들었다."고 말했다. 건강 정보가 좋아지면 수명도 늘어날 테니 이 시계를 차고 다니면 다른 건 몰라도 건강 습관만은 확실히 개선될 것 같다. 그런데 수명을 알려주는 이 시계를 뭐라고 불러야 할까? 죽음 시계? 아니면 수명 시계? 하지만 남은 수명을 굳이 시계에 물어보지 않고 스스로 정하는 적극적인 사람들도 있다.

올해로 66세가 된 L여사는 자신이 죽을 날로 20년 후 생일을 정했다고 했다. 86세면 충분한 시간이라고 생각한다는 것이다. 그녀에게 있어 향후 20년은 자신의 의지대로 몸과 마음을 통제할 수 있는 기한을 의미한다. 독립심과 의지가 강한 그녀다운 말이다. L여사는 여기에서 더 나아가 그 20년을 일수로 환산하여 역순으로 카운트다운을 한다고 했다. 7300일에서 시작한 날이 오늘로 7115일이 되었다면서 수첩 한구석 숫자에 동그라미로 표시를 했다.

30대 후반 새댁도 그랬다. 자신이 85세, 남편이 87세 되는 해 함께 죽기로 약속했다는 그녀는 아직 방법은 구체적으로 정하지 못했지만 관뚜껑을 누가 닫아줄지는 의문이라고 했다. 관뚜껑을 본인이 닫을 수 없는 것은 당연한 사실이겠지만 고민의 진지함을 느끼기에는 충분했다. 그날까지 온 힘을 다해 온전하게 살아내고 싶다는 것이다.

　퇴직을 한 K씨도 마찬가지다. 항공사라는 업종의 특성인지는 몰라도 그가 다니던 회사는 신입사원이 들어오면 죽을 날을 정해오라는 것을 과제로 내준다고 했다. 자신도 물론 그날을 아주 오래전에 정해두었는데 23년이 남은 지금도 그 생각에는 변함이 없다고 했다.

　죽는 날을 떠올리는 게 불쾌하다 생각하기 쉽지만 모든 것이 그렇듯 죽음 역시 생각하기에 따라 가치가 달라질 것이다. 일상에서 죽음을 생각하자는 것은 죽음을 목적이 아닌 삶의 도구요 방편으로 삼자는 것이다. 그러니 남은 날, 즉 죽을 날을 알려주는 시계라지만 '죽음 시계'라고 부를 수는 없을 것 같다. 옛날 사람들은 자신의 묘비명도 직접 쓰고 자화상에 해골도 그려 넣으면서 '메멘토모리', 즉 죽음을 기억하면서 살려고 애를 썼다. 언젠가는 죽을 수밖에 없다는 삶의 유한성을 인식할 때 삶은 다시 보이기 때문일 터이다.

　정신없이 바쁜 현대인들은 속도에 민감할 수밖에 없다. 그러니 보이지 않는 것보다는 눈앞에 확실히 보이는 것, 결과가 즉시 펼쳐지는 것에 마음을 빼앗기게 마련이다. 그런 우리에게 'tikker watch'가 새로운 메멘토모리의 계기가 되었으면 한다.

비행기에서
겪을 수 있는 일

원정 출산을 가다가 비행기에서 출산을 했다는 이야기를 종종 들곤 했다. 그 와중에도 산모들의 질문은 하나같이 '지금 어느 나라 영공을 지나고 있는가?'란다. 그런가 하면 위급한 사태에 놓인 승객이 역시 승객인 의사의 도움으로 회생했다는 훈훈한 소식도 들려오곤 한다.

비행기는 새로운 곳, 넓은 세상으로의 통로여서일까, 생명의 기운도 강한 공간인 듯하다. 그런데 최근의 뉴스로 생각을 달리하게 되었다.

인천공항을 출발해 미국 시카고로 향하던 항공기 내에서 70 대 남성이 심장마비로 쓰러졌다. 의식을 잃은 환자에게 곧바로 응급조치와 심폐소생술을 실시하였으나 곧 사망 판정이 내려졌다(2018. 10. 17. 네이버뉴스). 일행도 없이 혼자 타고서 일을 당했으니 경황이 없었을 본인은 물론 집에 있던 가족들도 크게 놀랐을 것이다.

비행기에 함께 타고 있던 승객들도 마찬가지였다. 비행기라는 폐쇄된 공간에서 시신과 함께 무려 10시간을 있어야 했다. 특히 주변 좌석 승객들은 시신을 곁에 둔 채 식사까지 해야 했으니 고충이 얼마나 컸을까. 그러면서도 고인에 대한 예의까지 생각해야 했을 것이다. 착륙 후에 트라우마를 호소하는 이들도 있었다고 한다.

왜 비상착륙을 하지 않았느냐에 대해 "이미 사망 판정이 난 만큼 굳이 착륙까지 할 필요는 없었다."라고 항공사 측은 항변했다. 그리고 보니 비행기에서 응급조치로 살아났다는 이야기는 많이 들었지만 죽었다는 이야기는 별로 듣지 못한 것 같다. 또한 들었다 해도 그 이후의 일에까지 관심을 두지는 않았을 것이다.

30년 전만 하더라도 출생과 죽음은 대부분 집에서 이루어졌다. 하지만 요즘은 아이를 낳으려면 병원으로 간다. '산부인과 동기', '조리원 동기'라는 말이 생겨났을 정도이다. 죽음도 마찬가지다.

요즘은 집에 있다가도 '때'가 오면 주저하지 않고 병원으로 간다. 그러니 저세상에 가면 장례식장 동기회가 결성되어 있을지도 모르겠다. 그런데 이제는 병원과 함께 임종 장소로 '기내'가 추가될 수도 있을 것 같다. 이 뉴스에서도 보았듯이 여행이 일상화된 만큼 비행기를 타는 사람들도 폭발적으로 늘어났기 때문이다.

같은 사람이라도 살아있을 때와 죽어있을 때는 주변 사람들에게 주는 느낌이나 감정에 엄청난 차이가 있다. 생전에 친했던 사람도 일단 고인이 되면 공포의 대상이 되기 십상이다. 전통 장례에서도 수의를 입힌 시신에 굳이 결박까지 하는 이유는 살아 돌아올까 두려워서였다고 한다. 죽은 이는 다시 살아날 수 없기에, 살아온다면 예전의 그가 아니라 귀신이나 원혼이라는 생각 때문이다.

병원처럼 죽음이 예측되는 곳에서도 막상 그 모습을 보는 것은 충격이다. 하물며 비행기 안에서처럼 전혀 무방비상태에서 목격하게 될 때 그 충격은 상상하기도 쉽지 않다.

하지만 유감스럽게도 사고와 재난이 늘어갈수록 갑작스레 타인의 죽음을 목도하게 될 가능성도 커졌다. 비행기 승객들은 트라우마를 호소할 만큼 큰 충격을 받았겠지만, 옛날처럼 임종도 장례도 집에서 치르면서 죽음을 일상에서 경험하는 분위기였다면 충격은 다소 덜했을지 모른다.

　죽음이 집에서 병원으로 밀려난 요즘 시대에 갑작스런 충격을 완화 시키기 위해서는 무엇보다 마음을 터놓고 자주 이야기하는 게 좋은 방법이다. 곳곳에서 '죽음 준비' 강좌, '웰다잉' 프로그램이 활발하게 열리고 있으니, 이런 기회를 활용하면 좋을 듯싶다.

구사일생
'求四一生'

"이효리 동영상 유출, 짤리기 전에 얼릉 보세요. 진짜 대박 사건입니다."

이른 아침 지인이 보내온 문자메시지를 보고 깜짝 놀랐다. '아니, 효리 너마저도! 더구나 결혼한 지 얼마 안 되는 새댁이 아닌가.'

'볼륨 주의!'라는 글자를 보니 음향효과까지 있는 모양이었다. 놀라움에 이어 쓰나미급 호기심이 몰려왔다. 아마도 이런 종류의 것을 '지적인 호기심'이라 부르는 모양이다. 사랑의 대척점은 미움이 아니라 무관심이라던데, 요정의 나쁜 소식에도 무관심하기는커녕 이토록 큰 관심이 생기는 걸 보면 난 분명 그녀를 많이 사랑하는 것 같다.

하고 있던 설거지를 즉시 멈추고 클릭을 했지만 무려 2초나

기다린 끝에 링크된 것은 '만우절'이란 용어 검색창이었다. 잘못 누른 것일까? 손가락의 물기를 꼼꼼히 닦아내고 두 번 세 번 다시 클릭을 해보았지만 역시 마찬가지였다. 접속하는 사람들이 많아서일까? 마음을 가다듬고 신중을 기하여 다시 한번 눌렀다. 여전히 같은 화면을 보고서야 비로소 오늘이 4월 1일임을 깨달았다.

어린 시절 만우절은 단조로운 일상에서 모험심과 도전정신을 발휘할 수 있는 날이었다. 아니 좀 더 솔직히 말하면 지저분한 내 마음의 뒷골목에 불씨를 던지는 날이기도 했다.

이날 만큼은 중국집에도 통 크게 짜장면을 주문하였고("우리 집에 짜장면 100그릇이요, 메롱!") 소방서에도 경각심을 일으켜주기도 하였다("소방서에 불났어요, 메롱! 메롱!"). 하지만 '발신번호 확인'이라는 무서운 서비스가 등장하면서 이런 진지한 훈련의 기회도 더는 제공할 수가 없게 되었으니… 무심한 세월을 탓하랴.

너도나도 스마트폰을 갖게 된 요즘에는 동영상을 빌미로 한 일들로 대신하기에 이르렀다. 그래서일까. 4월 1일을 만우절이 아닌 '유언(遺言)'의 날로 하자는 제안이 관심을 끈다. 개신교 NGO인 하이패밀리의 송길원 목사는 아홉 번 죽다가 한 번 산다는 '구사일생(九死一生)'이라는 말에서 착안하여 "4월 1일에는 죽음을 그려보면서 삶을 진지하게 성찰하자<求四一生>."라고 제안한 바가 있다. 장난 전화로 공연히 사람들을 피곤하게 하지 말고 죽음과 고인을 생각하자는 것이다.

영국은 매년 5월 둘째 주에 '죽음주간' 행사를 연다. 평소에 하기 어려운 죽음에 관한 이야기를 이때만큼은 터놓고 하자는 것이다.

죽음의 질에 있어 세계 1위가 영국이라는 사실은 아마도 그러한 이유인지 모른다. 장례는 어떻게 치를 것인지, 장기 기증에 대한 생각은 어떠한지 등, 죽고 난 후의 일은 물론 노후의 일도 상의한다. 나이가 들어 누군가의 도움이 필요할 때는 어디에서 살고 싶은지, 요양은 어떻게 할 것인지, 치료는 어디까지 받을 것인지 동료나 친구는 물론 자녀들과도 허심탄회하게 이야기를 나눈다. 한발 더 나아가 자신이 가장 소중하게 여기는 가치는 무엇인지 왜 그러한지 전반적인 삶의 이야기도 아우른다. 삶의 맥락이나 가치관을 알아야 여러 구체적 결정도 의미가 있기 때문이다.

우리 사회에서도 죽음에 대한 논의가 시작되고 있지만 죽음 준비는 곧 '사전연명의료의향서'를 쓰는 것이라는 단순한 인식이 많은 듯하다. 의향서만 작성하면 죽음준비는 마쳤다고 여기는 이들을 종종 보곤 한다. 그러나 의향서는 논의의 최종 결과물이어야 하지 그 자체만으로 완성이라 할 수는 없다.

만우절의 변신을 기대해본다. 언젠가는 우리도 맞게 될 생애 말기와 그때의 계획을 함께 나누는 것은 물론, 사랑했던 고인들을 불러내 추억하면서 삶과 죽음 사이에 다리를 놓아주는 날로 거듭나길 소망한다.

웰컴 투 망우리

어릴 적 공포의 대상은 귀신이었다. 밤 12시가 되면 입에 칼을 문 귀신이 나타난다거나, 소복을 입고 머리를 풀어헤친 귀신이 '내 다리 내놓으라'며 쫓아온다는 이야기들이 떠돌아다녔다. 망우리는 예로부터 망자(亡者)의 땅으로 알려졌다. 그곳이 어디 있는지는 몰라도 귀신들의 소굴인 것만은 분명했다.

망우리에 '웰컴센터'가 생긴다는 소식이 들려왔다 (2019. 1. 22. 네이버뉴스). '웰컴'이라니, 이제 귀신들이 죽은 자들을 위한 공식 환영회까지 열려는가보다 생각했는데 그게 아니었다. 안내소와 카페, 교육실, 휴게시설 등을 지어 근사한 휴식 공간을 만든다는 것이다. 이렇게 되면 귀신이 부르기도 전에 내 발로 먼저 찾아가게 될지도 모르겠다.

그러고 보니 이제야 비로소 '망우리(忘憂里)'라는 이름이 새삼 의미 있게 다가온다. 조선 시대 태조 이성계가 이곳에 행차하여 '근심을 잊었다'라고 말하여 생긴 이름이란다. 그러다가 일제 강점기인 1933년 묘지로 지정되었다. 저승에 가서도 이승의 걱정과 시름을 놓지 못할 망자들을 위로하려는 생각이었는지도 모른다. 덕분에 이 동네 죽은 사람들은 근심을 잊었겠지만 산 사람들은 그만큼 근심이 커졌을 것이다. 그러니 새로 만드는 웰컴센터는 산 자들의 근심을 덜기 위한 것인 셈이다.

서울시는 지친 일상을 뒤로하고 잠시 들러 걱정을 잊고 힐링하자는 뜻으로 건립의 취지를 밝혔다. 시는 이미 묘지 근처에 '사색의 길'이라는 산책로를 조성해 공원으로 만들었다. 이곳에 묻힌 독립운동가 15인에 대한 연보비(年譜碑)도 세워지면서 망우리에 대한 인식은 바뀌기 시작했다.

얼마 전 크로아티아 여행길에서 보았던 묘지는 관광지 못지않게 인상 깊었다. 숙소 옆 동네 산책길과 맞닿아 있었는데 차를 타든 걸어가든 시야에 쉽게 들어오는 위치였다. 아마도 마을의 공동묘지인 것 같았다. 2~30여 기 정도 묘지들에는 개성을 드러내는 다양한 비석들이 세워져 있었는데 특이한 것은 '완료형'이 아니라 '진행형'이라는 것이었다. 비석에는 할아버지인 듯한 이의 이름과 생몰 연도, 그 아랫줄에는 아버지의 연도가 씌어 있었고 그 아랫줄은 공란으로 비어 있었다. 지금 이 마을에 살고 있을 후손이 훗날 들어갈 자리인 모양이었다. 매일 지나는 산책길에 더하여 사랑하는 부모님이 묻혀 있는 곳이니 이방인인 나도 편안하게 느껴졌다.

최근에 생긴 서울 원지동 '서울추모공원'도 이름에 걸맞게 공원다운 느낌을 준다. 그런가 하면 장례시설 견학도 '투어'란 이름으로 진행되곤 한다. 여러 시설을 방문하여 장례에 대한 정보도 얻고, 함께 간 지인들끼리 장례는 물론 생애 말기에는 어떻게 살아갈지 의견을 나누기도 한다.

'망우'는 죽은 후에만 좋은 것은 아닐 터이다. 자연인들을 다루는 TV 프로그램이 인기를 끄는 것은 무엇보다 근심이 없어 보이기 때문이 아닐까. 산속의 자연인으로 살 수는 없다 하더라도 '근심을 잊게 해주는 곳'이라면 한 번쯤 찾아갈 만하지 않겠는가. 웰컴센터에는 죽은 이들도 살고 있기에 근심을 잠시 내려놓을 수 있을 뿐 아니라 어쩌면 작은 걱정들일랑 망자들에게 맡겨둘 수도 있을 듯싶다. 망자들에게는 고맙고 미안한 일이지만 말이다. 웰컴센터 건립을 진심으로 웰컴한다.

마지막
사진 한 장

고(故) 김영삼 전 대통령(1927~2015)의 장례 모습이 언론을 통해 공개되었다. 예전과는 달리 상주들의 팔에 완장이 없는 것, 운구병들이 마스크를 착용하지 않은 것도 그렇지만, 관 속에 누워있는 고인의 얼굴을 공개한 것이 무척 인상적이었다. 입관 시에는 망자에게 수의(壽衣)를 입히고 얼굴에는 멱모(幎冒; 죽은 이의 얼굴에 씌우는 천)를 씌운다. 망자의 얼굴을 마지막으로 보는 순간이니 영원한 헤어짐을 다시금 절감하게 되는 것이다. 그런 후에 관에 모시는데 고인은 관 속에서도 멱모를 씌우지 않은 '민낯'을 보이고 있었다. 임종에 이르기까지 이런저런 치료로 고생을 많이 했다는데도 표정이 매우 편안해 보였다.

외국에서는 관 뚜껑을 열고(open-casket) 고인의 얼굴을 공개하여 조문객들이 마지막 인사를 하게끔 하는 경우도 많다. 어

느 교포는 어떻게 인사를 해야 할지 몰라 고개를 꾸벅 숙였다고
했다. 외국에서는 흔히 볼 수 있는 모습이지만 우리에게는 낯선
일이다. 그런데 방송을 통해 고인의 민낯을 공개하다니 우리도
많이 달라진 모양이다. 불과 1~2초였지만 TV 화면을 통해 고인
의 얼굴을 보면서 ≪마지막 사진 한 장≫이라는 책을 떠올렸다.

  독일의 사진작가 발터 셸스가 사진을 찍고 베아테 라코테가
글을 쓴 ≪마지막 사진 한 장≫은 호스피스 병원에서 마지막을
보낸 환자 23명에 대한 기록 모음이다. 임종 직전과 직후의 얼
굴을 짧은 서술과 함께 사진으로 남겨 보여주고 있는데 책의 표
지 또한 특이하다. 17개월 짧은 생을 마감한 아기의 눈감은 얼
굴이 실려 있다. 살포시 눈을 감은 아기는 리본이 달린 원피스
를 입고 앙증맞은 모자까지 쓰고 있는데 표정이 행복한 꿈을 꾸
고 있는 듯하다. 책 속의 임종 얼굴 사진들은 결코 공포감을 주
지 않는다. 오히려 편안하고 엄숙하게 느껴진다. 인간 본연의 존
엄함이란 이런 모습이 아닐까 하는 느낌마저 준다.
  나의 엄마도 그랬다. 혼자 외롭게 떠나보냈다는 죄책감과 미
안함으로 엄마의 얼굴을 보았다. 하지만 엄마의 얼굴은 믿기지
않을 만큼 편안해 보였고 엷은 미소까지 짓고 있었다. 덕분에
나는 죄책감을 덜 수 있었고 죽은 이가 오히려 산 이를 위로할

수 있다는 것도 알게 되었다. 지금도 엄마를 생각하면 오랜 투병으로 힘들어하던 얼굴보다 영면에 든 편안한 얼굴이 먼저 떠오르니 참으로 감사한 일이다.

사진이 처음 발명된 시절, 사람들은 가족이 죽으면 방에다 모셔두고 사진사를 불러 고인의 사진을 찍곤 했다. 그리고는 그 사진을 머리카락과 함께 기념으로 보관해 두었다. 유명한 사람이 별세했을 때는 사진을 찍어 신문에 싣기도 했다. 하지만 지금은 고인의 사진을 찍는 것은 모욕적이고 불경한 것으로 여겨지는 듯하다. 결혼식 장면은 동영상으로도 남겨 길이 추억하지만 장례식은 사진 한 장 남기기 어렵다. 그러니 고인에 대한 것은 오롯이 희미한 기억에 의존할 수밖에 없다. 하지만 세월이 가면 기억도 차츰 바래질 것이 아닌가. 나도 그때 엄마의 얼굴을 사진으로 남겨 두었더라면 얼마나 좋았을까 하는 생각을 종종 하게 된다. 남이야 어떻든 추억과 애도의 방식은 저마다 다를 테니 말이다.

눈 감은 마지막 얼굴에서 살아있는 이가 오히려 위로받을 수 있다는 것은 참으로 희망적인 일이다. 죽음에 대한 두려움도 상당 부분 떨쳐 낼 수 있을 테니까.

심정지
상태

최근 들어 신문기사 등에서는 '심정지 상태로 발견'이라는 표현을 자주 볼 수 있다. 예전에는 '숨진 채'라고 했는데 요즘에는 '심정지 상태'라는 말을 사용한다. 이유가 뭘까? 심정지 상태라면 죽었다는 말일까 살았다는 말일까? 아니면 죽지도 살지도 않은 애매모호한 그 어떤 지점이란 말일까?

언어는 생각을 담는 그릇이라고 한다. 하나의 단어에는 사전적 의미와 더불어 그에 대한 사회적 인식과 생각도 고스란히 담겨 있다. 강아지 대신 '반려견', 주인 대신 '보호자'라는 말을 쓰는 것을 보면 동물에 대한 우리 사회의 달라진 인식과 가치관도 알 수가 있다.

죽음이 무엇인가, 어떤 상태를 죽음으로 보는가 하는 문제는 역사적, 시대적으로 변화해왔다. 고대에는 영혼이 몸을 떠나는 것이라 생각했다. 소크라테스 같은 이는 "죽음이란 영혼이 신체에서 해방되는 것이다."라고 주장했다. 그러나 근대에 이르러서는 죽음이란 '심장과 폐가 정지하는 것'이라는 인식이 널리 퍼졌다. 이는 해부학의 발달에 힘입은 것이다. 이것이 곧 '심폐사'인데 최근 들어서는 심장이 멈춰도 10분간은 뇌가 여전히 활동한다는 것이 밝혀졌다. 특히 4분은 골든타임이라 하는데 이 시간 내에 제대로 조치를 하면 소생이 되기도 한다. 소위 저승 문 앞에 가봤다는 이들의 체험이란 곧 이런 상태에서 뇌가 일으키는 착각이라는 주장도 있다.

그러나 옛날과 달리 머릿속을 들여다볼 수 있게 된 지금은 뇌가 살아있는데 심장만 멎었다고 해서 죽음이라 판정하기는 꺼름직해 보인다. 그러니 일단 죽음이 아닌 '심정지' 상태로 놓고 죽음의 판정을 유보하는 것인 셈이다. 심정지 상태에서는 거의 모두 심폐소생술을 시도하는데 회생이 안 되면 비로소 사망 판정을 내린다.

또는 이와 반대로 뇌가 먼저 죽는 경우도 발생한다. 갑자기 쓰러진 경우 뇌에 손상이 가는 경우인데 이런 것을 '뇌사'라고 부른다. 인간의 정신 활동은 물론 마음과 인격도 뇌의 작용으로 보는 인식이 커지는 만큼 이 상태를 진정한 죽음으로 보아야 한다는 의견도 팽팽하다.

　이처럼 심정지가 곧 죽음인가 아닌가 하는 문제도 있지만, 이와는 다른 또 다른 문제도 있다.

　심정지는 죽음을 판정하는 기준일까, 아니면 죽음을 일으키는 원인일까? '죽음의 원인은 폐렴으로 인한 심정지'라든지 '다발성 장기부전으로 인한 심정지'라는 보도도 종종 접하게 된다. 전자에서는 분명 심정지를 죽음의 원인이라고 명시했다. 심정지는 죽음의 정의가 아니라 여러 원인 중 하나에 불과하다는 의미일 터이다. 그렇다면 죽음의 또 다른 원인도 있다는 얘기가 아니겠는가. 후자에서 장기부전으로 인한 심정지라는 것은 장기부전으로 인한 죽음이라는 것인지 아니면 심정지의 1차 원인을 일으킨 2차 원인이 장기부전이라는 것인지 모호하다. 이렇듯 심정지라는 말은 애매모호한 회색빛 단어이다. 이는 곧 심폐사에서 뇌사로 가는 과도기적 표현이 아닐까 싶다.

　법적 제도적으로 죽음을 정의하기는 어려운 일이지만 우리들 각자에게 있어 자신의 죽음을 정의한다면 모두 다르지 않을까? 죽음의 정의는 곧 자신이 가장 소중하게 지키고자 하는 가치와도 밀접한 관계가 있을 테니 말이다.

chapter 2

생명에 대한 예의

쌍둥이가
많아진 이유

언제부터인가 쌍둥이가 눈에 띄게 늘어났다. 쌍둥이 유모차가 신기해 보이던 적도 있었지만, 요즘엔 쌍둥이 힙시트(hip-seat), 쌍둥이 의자, 쌍둥이 백팩까지 등장을 했다. 심지어 외국의 어느 기업은 탁월한 선견지명에 힘입어 '쌍둥이 칼'까지 만들어내고 있는 판이다. 쌍둥이와는 거리가 먼 우리 집도 '칼' 만큼은 '쌍둥이(쯔빌링; Zwilling)'이다.

최근에는 삼둥이도 종종 보인다! 쌍둥이가 늘어난 것이 인공수정 때문이라는 것은 잘 알려진 사실이다. 부부 열 쌍 중 하나가 불임이라니 그럴 법도 하다. 환경 호르몬이 증가하면서 지구상의 많은 수컷들이 여성화되고 인간 역시 남성의 정자가 줄고 있다. 최근에는 '초식남'까지 등장하면서 남성의 생식 기능에 문제가 생기기 시작했다

조카 부부가 쌍둥이를 임신했다기에 인공수정이냐고 물었더니 아니란다. 그러고 보니 성상 임신에서도 예전보다 쌍둥이가 많아지는 것 같다. 인공수정으로 쌍둥이가 생기니, 정상 임신에서도 덩달아 늘어나는 이유가 무엇일까? 이들 간에 무슨 관련이라도 있는 걸까? 아마도 '형태장(形態場)' 이론으로 설명할 수 있을 것 같다.

'텔레파시'로 유명한 물리학자 루퍼트 셀드레이크에 의하면, 한 집단이나 종(種)의 많은 구성원들이 어떤 특성이나 특징을 보이면 어느새 그것이 모든 구성원들의 특징이 되고, 급기야는 본능이나 선천적 특징으로 자리 잡는다고 한다. 스포츠에서 어떤 선수가 기록을 깨고 나면 다음 선수들은 쉽게 깨는 경향을 보이는 것도 이 원리로 설명한다. 쌍둥이도 이와 마찬가지 현상으로 볼 수 있을 것 같다. 사회적 집단적 관점에서는 매우 설득력이 있는 설명인데 개인적 생명이라는 차원에서 본다면 또 다른 설명도 가능할 것 같다.

근래 들어 유례없는 비혼과 출산 기피로 아기들은 세상에 나올 기회마저 박탈을 당하고 있다. 그러니 이들은 다른 이가 세상으로 나갈 때 자기도 바짝 따라붙지 않으면 영영 기회가 오지 않을 것이라고 생각할지 모른다. 물론 이것은 존재의 근원이 되는 어떤 주체, 이를테면 아리스토텔레스가 말한 '부동의 동자(不動의 動子 ; Unmoved Mover)'가 있다는 것을 전제하지만 말이다.

태어나지 않은 존재들도 그럴진대, 이미 세상에 나와 살고 있는 우리들이야 말할 것도 없을 것이다. 굳이 '형태장'이나 '부동의 동자'라는 어려운 개념을 가져오지 않더라도, 세상의 모든 생명, 심지어는 아직 태어나지도 않은 잠재적 생명들도 세상에 태어나는 게 최선이라고 믿고 있는지 모른다. 그러기에 모든 존재들은 태어나려고 '죽을힘'을 다하는 것일 게다. 지금은 비록 잊고 살지만 우리 역시 '죽을힘'을 다해 이 세상에 온 것이 아닐까.

잠재적 자녀들
관리하기

남편이 사망한 후 아이를 가졌다면 남편의 아이일까, 정부(情夫)의 아이일까? 물어보나마나라고? 하지만 이제 쉽게 단정할 수 없는 시대가 되었다.

암 투병 중에도 둘째 자녀를 간절히 원했던 남자는 두 차례 정액을 채취해 냉동 보관을 한 후 세상을 떠났다.

아내는 남편의 소원을 이루기 위해 정자를 해동해 시험관 시술을 한 결과 둘째 아들을 낳았다. 아내는 남편을 친부(親父)로 해 출생신고를 했지만 구청은 남편 사망 후 아이를 가졌다는 이유로 신고를 받아주지 않았다. 여자는 '남편이 원해 낳은 아이인 만큼, 둘째 아들이 남편의 친자(親子)임을 인정해 달라'는 인지(認知) 소송을 냈다.

결국 법원은 '유전자 검사 결과 두 자녀 사이에 같은 아버지에 의한 혈연관계가 인정되므로 둘째 아들은 숨진 정씨의 친아들이 맞다'고 판결했다(2015. 7. 20. 조선일보).

죽은 남편의 뜻을 받들기 위한 것이니 이는 훈훈한 미담이라 할 수도 있겠지만 이와는 달리 두고두고 시빗거리가 된 경우도 있었다.

1988년에 미국의 데이비스 부부는 각자의 난자와 정자 9개씩을 체외 수정시켜 2개는 아내의 자궁에 이식하고 7개는 냉동보관을 하였다.

그러나 유감스럽게도 부부는 얼마 후 이혼을 하였는데, 그렇게 되자 재산과 더불어 수정란들이 문제가 되었다. 수정란 처분에 대해 아내는 그대로 '보관'할 것을, 남편은 '폐기'할 것을 주장하면서 팽팽히 맞섰다.

치열한 공방 끝에 법원은 애매모호, 알쏭달쏭한 판결을 내렸다. 즉, 배아는 인간도 조직도 아닌 특정 분류에 속한다면서, 소유권은 없어도 허락은 필요하다는 것이었다(1989. 데이비스 대 데이비스 판례).

이 문제는 상속에도 영향을 미치게 될 듯하다. 상속인의 기준을 따질 때 '피상속인의 사망 시점에 존재했는가?'가 아니라 '진정한 혈연관계를 가지고 있는가?'로 말이다.

태어날 자녀의 얼굴을 보지 못하고 세상을 떠나는 아버지가 있는가 하면 아버지 얼굴도 모른 채 태어나는 자녀도 있다. 살아서는 서로를 모르지만 이들도 저세상에 가면 극적인 상봉을 한다고 한다.

≪모리와 함께 한 화요일≫로 유명한 미치 앨봄은 또 다른 그의 소설 ≪천국에서 만난 다섯 사람≫에서 그러한 광경을 잘 묘사하고 있다.

주인공은 저승에 도착하여 차례로 다섯 사람을 만나는데 생전에 잘 알고 지냈던 이가 있는가 하면 전혀 몰랐던 생면부지의 사람도 있었다. 하지만 모두 주인공의 삶에 지대한 영향을 끼친 사람들이었다. 뒤늦은 만남을 통해 주인공은 생전에 삶의 의문을 모두 이해하게 되었다. 바느질한 천을 보면 한 땀 한 땀이 따로 떨어져 있는 것 같지만 뒤집어서 안감을 보면 서로 복잡하게 얽혀있는 것처럼 말이다.

그렇다면 저세상에서 냉동정자를 통해 태어난 자녀와도 상봉할 수 있지 않겠는가. 투병 중에도 아들을 원했던 남자에게는 반가운 일이겠지만 정자 폐기를 요구했던 또 다른 남자에게는 불편한 만남이 될 것이 틀림없다.

정자나 수정란을 하나의 인간으로 봐야 할 것인가에 대해 법률적인 측면에서는 논란이 분분하다. 종교에서는 인간으로 봐야 한다는 입장이 우세한 편이지만 법률과 윤리계 일각에서는 반론도 만만치 않다. 그들이 제기하는 질문은 '도토리 씨앗이 곧 도토라나무인가?'라는 것이다. 씨앗이 있다고 해서 모두 나무가 되는 것이 아니듯 수정란이라고 해서 모두 사람이 되는 것은 아니라는 논리이다.

하지만 어쨌거나 잠재적 자녀들, 다시 말해 정자와 난자들이 '집'을 나가지 않도록 관리할 필요는 있어 보인다. 그러지 않았다가는 언젠가 저세상으로 건너갔을 때 '거북한' 혈육 상봉을 하게 될지도 모르니 말이다.

'주인'이 아니고
'보호자'래요

무심코 쓰는 단어에는 우리들의 생각과 인식이 담겨 있으니, 개 '보호자'라는 말도 그렇다. 요즘 반려동물의 행동을 교정하는 텔레비전프로그램을 보면 '주인'보다 '보호자'라는 말을 주로 쓰는 것을 알게 된다. 동물은 소유의 대상이 아니라 보호의 대상이라는 것이다.

오스트리아 출신의 윤리학자 피터 싱어는 동물을 존중하자는 주장을 펼쳤는데, 그는 도덕적 주체의 기준으로 '쾌락과 고통을 감지할 수 있는 능력'을 말하였다. 적어도 기쁨이나 슬픔 정도는 느낄 수 있어야 존재로서 인정받을 수 있다는 것이다.

그러므로 인간의 수정란보다는 차라리 동물이 우월하다면서 '종(種)'에 근거한 차별이라는 진부한 계율을 바꾸어야 한다고 주장했다(≪삶과 죽음≫). 그런가 하면 프랑스의 유명작가 장 그르니에는 ≪어느 개의 죽음≫이란 책에서 보호자로서의 태도를 유감없이 보여주었다.

이 책은 '개죽음'이 아닌 '개의 죽음'에 대한 이야기인데 주위 기른 유기견 '타이오'를 '하늘나라'에 보낸 후 쓴 애도서이다. 작가이자 철학자답게 장황하고 심오한 애도를 펼쳐 놓는데 50년 전에 씌어진 이 책은 바둑이와 백구밖에 없던 당시 우리와는 전혀 다른 그들의 인식을 보여주기에 충분하다. 굳이 개의 죽음에 대해 쓴 이유에 대해 '녀석이 이 세상에 없기 때문에 녀석의 삶을 정리해보고 싶어서'라고 책머리에서 밝히고 있다. 내가 사랑했던 존재라면 그 대상이 동물이라 하더라도 그의 삶은 존중받기에 합당하다는 의미였을 것이다.

"녀석은 그 가혹함과 광대함을 두려워하던 대자연에 내가 접근할 수 있도록 한 중재자였던 것이다. 녀석을 통해서 나는 마음을 달래주는 자연의 속성들만을 발견하게 되었다. 이를테면 침묵, 잠, 걱정도 후회도 없는 만족, 언제나 눈앞에 펼쳐져 세상을 감싸고 있는 햇빛, 발아래에서 우연히 찾아낸 샘과 같은 것들 말이다. 녀석을 본보기로 삼음으로써 나는 진정으로 세상에 존재할 수 있었다".

그르니에에게 있어 강아지는 외로움을 달래주는 친구요 반려자, 그리고 자연을 바라보는 창문이요 세상과 소통하는 매개체였다. 그는 한낱 애완견에 대한 애도와 추억을 책으로까지 출판하는 것에 대한 주변의 달갑지 않아 하는 반응에 대해 "개에 대해 감상적으로 떠벌리는 것이 우스꽝스러운 일이라는 것을 알고 있다."라고 고백했다.

하지만 어디 강아지뿐이랴. 우리는 사랑하는 존재를 잃고 각자의 고유한 이별 방식을 통해 지금까지 보지 못했던 세상 너머 희미한 형상들을 비로소 보게 되는지 모른다. 때마침 개를 가축에서 제외하는 법이 추진된다는 소식이 들려온다. 그에 걸맞게 동물에 대한 우리의 인식도 달라져야 할 듯하다.

마음의
속도

결국 자동차 앞 유리를 갈아 끼우고 말았다.

남편이 혼자 운전을 하고 가던 중, 어디선가 작은 돌이 날아
와 앞 유리에 '돌빵(stone chip)'이 생겼단다. 딱! 하는 소리와 함
께 돌빵은 곧 실금이 되었고 길거리 간이 공업사에서 대충 땜질
을 하고 몇 달을 버텨왔다. 그러나 실금은 점점 선명해지고 길
어졌다. 자칫하다가는 유리창이 운전석으로 쏟아져 내려 목적지
가 아닌 천국으로 갈지도 모를 일이었다.

통째로 갈고 나니 수리비가 무려 50만 원이다. 돈이란, 들어
갈 구멍이 예상치 않은 데서 생기는 게 그 속성인지도 모르겠다.
어쨌거나 멀쩡하게 달리는데 돌이 날아왔으니 운전을 하던 남편
으로서는 천재지변이나 마찬가지였을 것이다.

나는 어쭙잖은 위로의 말을 늘어놓기 시작했다. 돌빵이어서

망정이지 돌덩이나 쇳덩이가 날아왔으면 어떻게 되었겠느냐, 세상일이란 내가 원해서 되는 일 보다 원하지 않는데도 일어나는 게 훨씬 많다는 것을 30년 전 결혼을 통해 이미 배우지 않았느냐, 그러니 매일 매일이 요행이고 운이며 복불복 어쩌고저쩌고….

그런데 묵묵히 듣던 남편이 말했다.

"아냐, 내 잘못이야."

자기 잘못이라니 이게 무슨 말인가? 나의 장광설도 아무런 위로가 되지 않는 모양이었다. 나는 뜻밖의 대답에 놀랐는데 남편은 자신이 그때 과속을 했기 때문이라며, 날아드는 돌을 피할 수는 없었다 해도 천천히 달렸다면 교체까지 하는 일은 없었을 거라고 했다.

들고 보니, 이는 단지 자동차 유리에만 해당하는 이야기가 아니라는 생각이 들었다.

현대인이 불행해진 것은 매사에 책임져 줄 신들이 사라졌기 때문이라는 우스갯소리도 있듯이, 우리는 일이 벌어졌을 때 상대방을 원망하고 환경을 탓한다. 화가 치밀어도 그것은 상황이나 상대방 때문이지 내 문제는 아니라고 생각한다. 나는 오직 피해자일 뿐이고 상처를 받았을 뿐이다.

며칠 전 동생을 만났을 때도 그랬다. 동생과 몇 년을 소원하게 지내오던 중, 집안일을 앞두고 어렵게 대면했다. 한 부모에서 났지만 동생은 나와 달리 자유로운 영혼의 소유자인데, 영혼보다 말은 더욱 자유롭다. 그날도 동생은 여느 때처럼 자유분방하게 말을 내뱉었고 나는 또다시 마음이 상했다. 하지만 생각해보면 돌이 날아들었을 때 과속이 한몫했듯이 동생과 만난 때 내 마음의 속도도 문제였을 것이다. 동생의 그런 성격을 알면서도 마음의 속도를 늦추기는커녕 해묵은 옛날 일을 생각하면서 내달리고 있었는지 모른다.

내 마음의 속도는 얼마일까 생각해보니 그나마도 들쑥날쑥 일정치 않아 측정하기도 어려울 것 같다. 어떤 때는 제법 여유를 가지고 서행하다가도 느닷없이 액셀을 밟는다. 똑같은 상황에서도 매번 다른 속도로 반응을 하는 것은 물론, 때로는 브레이크인지 액셀인지 구분조차 하지 않고 되는대로 밟을 때도 있다. 남편과 딸이 나를 '변덕쟁이'라고 부르는 것도 아마 그런 이유일 것이다.

옛날 공자님이 나이 50에 귀가 순해졌다고 하신 것은 아마도 마음이 안전하게 서행(徐行)한다는 뜻이 아니었을까. 나도 50이 지난 지 한참 되었지만, 더 조급해지고 잘 서운해하고 자주 삐치니 마음은 점점 빨리 내달리는 것 같다. 이것이 노화의 증거라는 것일까?

소중한 것일수록 값비싼 대가를 치러야 하나 보다. 아니 값비싼 대가를 치렀기에 소중해지는지도 모른다. 50만 원이라는 대가를 치르면서 나는 소중한 교훈을 얻었고 비로소 내 마음의 속도를 점검하게 되었다.

게 학대
금지

'개(dog)'가 아니고 '게(crab)' 학대 금지다.

런던의 한 한인 마트에서 사건은 발생했다. 이 가게는 게가 다리를 움직이지 못하게 고무줄로 묶은 뒤 스티로폼 용기에 넣고 비닐 포장재로 싸서 매대에 진열했다. 이를 본 영국인들은 여러 반응을 보이면서 항의를 해왔다.

"꿈틀거리는 게의 모습에 혐오감을 느꼈다."

"이는 명백히 동물 학대다."

"산 채로 게를 판매하려면 게들을 좀 더 넓은 공간에 두었어야 한다."

이에 대해 마트 측은 '싱싱하게 판매하기 위해 선택한 방법일 뿐'이라고 해명을 했지만, 영국인들은 이를 이해할 수 없다며 받아들이지 않았다. 그리고 항의가 계속되자 마트 주인은 어쩔 수 없이 게의 판매를 중단하기로 결정하고, 다른 방법을 모색할 수밖에 없었다(2015. 10. 28. SBS뉴스).

우리에게는 게를 산 채로 판매하는 것이 너무도 당연하고 자연스러운 것으로 여겨진다. 영국이었으니 용기에라도 넣었지 우리나라에서는 신문지 몇 겹으로 대충 싸서 담아주는 게 예사로운 일이다.

어차피 식용이라면 신선한 상태로 파는 것이 무슨 문제가 될까. 애완용으로 사 간다면 두말할 나위도 없을 것이다. 이것이 문제가 된다면 살아있는 물고기에 회를 치는 것은 더 큰 학대가 되지 않을까.

게한테도 동물 학대를 적용한다면 인간은 풀만 뜯어 먹고 살아야 할 것이 아닌가. 닭도 그렇다. 지금이야 미리 얌전하게 손질된 것을 마트에서 팔고 있지만, 옛날에는 시장 닭집에서 닭을 팔았다. 살아있는 닭을 손님이 '점찍'하면 무자비하게 급소를 맞고 드럼통 끓는 물에 들어갔다. 뒤이어 잠시였지만 격렬한 푸드덕 소리가 들렸다. 지금 생각하면 그야말로 끔찍한 동물 학대였다.

영국인들이 그 광경을 보았다면 어땠을까? 사건이 일어난 그 마트는 소비자들로부터 항의를 받기는 했지만 그렇다고 불법을 저지른 것은 아니었다. 영국의 '동물복지법'은 개·고양이 등에만 적용될 뿐 게는 대상이 아니기 때문이다.

영국은 1822년 세계 최초로 '동물복지법'을 제정했는데 농장동물, 애완동물, 실험동물, 전시동물, 야생동물 등 5가지 분야로 나뉘어져 있다. 하지만 식용동물이란 말은 없는 것으로 보아, 게처럼 먹을 수 있는 동물은 동물이기보다 음식으로 여기는 것 같다. 그럼에도 많은 영국인들이 경악한 것은 동물이냐 음식이냐를 따지기에 앞서 살아있는 생명이 겪는 고통에 대한 연민 때문일 것이다.

실제로 2013년 벨파스트 퀸스대의 엘우드 교수는, 은신처에 들어갈 때 전기 자극을 받은 게는 다시는 그 은신처에 가지 않는다는 사실을 확인했다. 일부 과학자들은 게도 다른 동물처럼 고통을 느낀다며 인도적으로 대우할 것을 주장했다.

'게 학대'에 이어 '물고기 학대'도 들리는데 물고기 학대는 '맛' 때문이란다. 물고기를 잡는(물고기가 죽는) 방법에 따라 맛이 달라진다는 것이다.

피렌체대학 연구진은 고통 없이 죽여야 물고기 맛이 더 좋아진다고 밝혔다.

무지개송어도 물 밖에서 산소 부족으로 서서히 죽은 것보다

머리를 쳐서 고통 없이 즉사시킨 것이 맛이 좋다고 했다. 질식 등 스트레스를 받으면 몸에 과산화수소가 축적되어 악취와 쓴맛의 원인이 된다는 것이다.

휴머니즘적 연민과 미각에 대한 이유라는 양 측면에서 동물에 대한 학대 자제의 목소리가 들려오고 있다. 그러니 동물을 먹더라도 필요한 만큼만 잡고, 인간과 마찬가지로 가능한 한 그들도 고통 없이 저세상으로 갈 수 있도록 만물의 영장으로서 인정을 베풀어야 할 듯싶다.

스톤 여사의
팬케이크

나이가 들어가면서 인생은 하향 평준화가 된다. 90대에는 산 사람이나 죽은 사람이나 별반 차이가 없어지고(생사의 평준화), 80대엔 돈이 많아도 쓸 여력이 없으며(부의 평준화), 70대엔 아무리 건강하다 해도 어딘가 삐거덕거리기 시작하고(건강의 평준화), 60대엔 아저씨인지 아줌마인지 알 수 없는 중성인들로 넘쳐난다(성의 평준화).

　나 같은 50대가 되면 양귀비도 옥떨메도 찾기 힘드니 다른 것은 몰라도 외모의 평준화만은 확실한 것 같다. 내 얼굴도 원래부터 이렇게 생긴 건 아니었으니 말이다. 믿거나 말거나.

　내가 20대를 보냈던 1980년대에는 '섹시' 또는 '글래머'라는 말은 듣기 거북한 것으로 여겨졌다. '섹시=머리가 빈'을, '글래머

=얼굴이 안 따라주고 허우대만 멀쩡함'을 의미했기 때문이다. 그런데 <원초적 본능>이란 '원초적' 영화가 나오면서 이 통념은 깨졌고, 섹시함은 여성으로서 갖추어야 할 최고의 덕목이 되었다. 여주인공 샤론 스톤이 미끈한 다리를 꼬고 앉아있는 장면은 광고는 물론 온갖 코미디에서도 패러디되었고 시대의 상징이 되다시피 했다.

꼰 다리 두 짝으로 단숨에 영화계를 제패했던 그녀가 23년 만에 누드 사진과 함께 돌아왔다. 긴 세월을 어떻게 지냈을까 궁금했는데 뜻밖에도 안녕하지 못했단다. 스타가 되었지만 10년 후에는 뇌출혈로 쓰러져 언어능력과 시력이 떨어졌고 왼쪽 다리는 마비 직전까지 갔으며, 재기의 발판으로 삼으려 했던 <원초적 본능 2>도 실패했다. 급기야는 이혼에 아들 양육권마저 잃었단다.

시련을 통해 인간의 영혼이 성장한다는 것은 의심의 여지가 없을 것이다. 어느덧 50대 후반이 된 스톤 여사는 ≪하퍼스바자≫라는 월간지(2015년 9월호)에서 누드 사진과 함께, 투병 이후 깨달은 교훈을 솔직하게 털어났다.

"내 엉덩이가 두툼한 팬케이크 같다는 점을 잘 안다. 이제는 더 이상 세상에서 가장 아름다운 여성이 되려고 노력하지 않는다. 섹시함에 대해 진지하게 고민한다면 분명 가슴을 키우는 것 따위는 아닐 것이다."

이에 대해 CNN은, 그녀의 변신에 대해 '한층 성숙해졌다'는 긍정적 평가가 있는 반면, '판매를 늘리려는 잡지사에 영합하는 추락한 여배우'라는 비판도 있다고 전했다. '팬케이크' 운운하면서도 누드를 찍었다니 인터뷰의 진실성에 의심이 드는 것도 사실이지만 어쨌거나 한때는 세계 최고의 엉덩이였기에 쉽지 않은 고백이었을 법하다.

사진 속 그녀의 엉덩이가 아직까지는 팬케이크가 아닌 탄력 좋은 고무공처럼 보이지만, 그럼에도 계속해서 쪼그라드는 육체와 질병의 흔적은 어찌할 수 없을 것이다.

일본의 심리학자 기시미 이치로(岸見一郎)는 ≪늙어갈 용기≫에서 이렇게 충고한다.

"회복이란, 병들기 전과 똑같이 건강한 상태로 되돌아오는 것만이 아니라 신체와의 새로운 관계에 들어서는 것이며, 심신이 무능해질지라도 우리는 '상태'보다 '관계'로서 여전히 존재하니, 타인에게 기여함으로써 자신의 가치를 스스로 느끼는 것이 나이 들어가는 위기를 극복하는 데 절실하다."

그런 의미에서 스톤 여사는 완전히 '회복'된 것은 물론 늙어갈 용기까지 확실히 갖춘 것 같다. 그녀는 또한 중년의 막바지로 치닫고 있는 우리에게 크게 기여하는 바가 있으니 '섹시함이란 함께 있는 사람이 좋아하도록 자신을 아끼고 즐기는 것'이란 명쾌한 정의 때문이다.

함께 있는 사람이 꼭 이성만을 지칭하는 것은 아닐 것이다. 늘 만나는 주변 사람들도 포함된다면 섹시함은 곧 인간으로서의 매력을 말하는 게 아닐까. 그나저나 스톤 여사는 그렇다 치고 나는? 누드는커녕 얼굴조차 찍기 싫어하는 이 몸은 말해 무엇하랴. '팬케이크' 운운, 아니지, '빈대떡' 운운하는 자격이 있는 것일까?

낮말은 새가
밤말은 화초가

강아지나 고양이가 아닌 식물을 동반자로 삼는 사람들이 늘고 있단다. 손이 많이 가는 동물 대신 간편한(?) 식물을 선호한다는 데 그에 따라 '반려식물'이라는 신조어도 생겨났다. 식물 중에서도 금방 시드는 생화보다는 반려자로 오래 '함께할' 수 있는 선인장 등을 많이 찾는다고 한다. 서울의 한 주민센터는 정서적 동반자로 삼으라며 독거노인 160가구에 '반려식물'을 나눠주기도 했다(2017. 5. 18. 중앙일보).

식물에게 특별한 능력이 있다는 것을 처음으로 알아챈 이는 '용불용설(用不用說)'로 유명한 라마르크였다. 그는 실험을 위해 미모사를 마차에 싣고 파리 시내를 돌아다녔다. 한동안 미모사는 길을 달리면서 덜컹거릴 때마다 잎을 닫았지만 같은 진동이 반복되자 연 채로 더 이상 닫지 않았다. 물방울을 떨어뜨려도 마찬가지였는데, 이는 식물도 학습과 기억을 한다는 의미이기도 했다. 뇌와 신경조직도 없는 식물이 어떻게 배우고 기억하는지 신기한데, 더 나아가 소리에 반응하며 의사소통까지 한단다.

식물 신경 생물학의 아버지 스테파노 만쿠소는 저서 ≪매혹하는 식물의 뇌≫에서 옥수수나무를 소개하고 있다. 옥수수 모종 뿌리에선 220헤르츠(Hz)의 소리가 나는데 이를 물에 담근 다음 같은 주파수의 소리를 들려주자 뿌리가 소리를 향해 뻗어 나갔다는 것이다. 그는 지능을 문제 해결 능력이라는 차원에서 본다면, 식물은 단지 지능을 갖고 있는 정도가 아니라 엄청나게 영리한 존재라고 말했다.

"식물은 인간과는 다르게 발달한 오감(五感)을 갖고 있으며 결코 동물의 감각보다 뒤떨어지지 않는다."

그렇다면 식물에게도 마음이 있을까? 옛날 조상들은 나무 밑에 가서 기도를 드렸다니 그런 것도 같다. 하지만 지금의 우리는 식물 따위에게 마음이란 있을 수 없다고 확신하는 분위기이다. 동물에 대해서도 마찬가지인데 우리가 생각할 때 '마음을 지난' 집단의 범위를 조금만 넓혀도 우리는 훨씬 겸허해질 것이다.

식물에게 마음이 있는지, 도대체 마음이란 게 뭔지 이야기하기란 쉽지 않은 일이다. 그러나 식물에게 있어 마음이나 지능보다 놀라운 능력은 강인한 생명력이 아닐까. 씨앗은 보통 밀폐된 봉투에 넣어 판매되는데 공장에서 나온 과자 포장 같아 보인다. 공기도 수분도 햇빛도 없는 상태로 오래 보관되어 있으니 생명이 보존될 리 없을 것 같다. 그런데도 일단 심어지면 용케도 싹을 틔우지 않는가.

하긴 그런 생명력이 아니었다면 우리 집 화초는 예전에 사망했을 게 틀림없다. 우리 집 화초는 주인의 무관심 속에 거실 한구석에 조용히 찌그러져 있다. 심지어는 이름도 잊혀졌다. 식구들이 귀가하기 전에 나는 늘 혼자라고 생각해왔다. 그런데 식물이 지능도 있고 의사소통도 한다니 사실 난 혼자가 아니었다. 지금도 화초와 '단둘'이 있는 중이다. 예전에는 강아지와 '함께' 있다는 말에도 웃음을 터뜨렸지만 말이다. 화초가 한 개였으니 망정이지 두 개였다면 귀가 가려울 뻔했다. 틀림없이 무심한 주인 흉을 보았을 테니 말이다. 제대로 돌봐주지도 않고 '식물인간' 이란 모욕적인 단어까지 아무렇지도 않게 남발해 온 것에 대해 화초에게 용서를 빌어야겠다. 요즘엔 쥐들도 밤에는 잘 나타나지를 않으니 우리 속담도 머지않아 이렇게 바뀔 것 같다

낮말은 쥐가 듣고 밤말은 화초가 듣는다.

chapter 3

품위 있는 죽음

구달 박사는
왜 스위스로 날아갔을까?

104세 어르신의 죽음에 사람들의 관심이 쏠리고 있다. 데이비드 구달 박사는 고국인 호주를 떠나 멀리 스위스까지 날아갔다. 안락사 단체의 도움을 받기 위해서였다. 그는 최근까지도 컴퓨터를 다루고 논문을 발표하는 등 왕성한 노익장을 과시했는데 속으로는 그게 아니었던 모양이다. 특별한 질병은 없지만 혼자 힘으로 생활하기가 어렵다며 104세까지 이르게 된 것을 매우 후회한다고 말했다. 그러면서 죽고 싶어도 죽지 못하는 게 진짜 슬픈 일이라고 고백했다(2018. 5. 11. 서울신문). 침팬지 박사 제인 구달이 아니니 혼동은 마시길.

방법은 좀 다르지만, 이분과 비슷한 결단을 내린 사람이 예전에도 있었으니 그 유명한 스콧 니어링 박사(1883~1983)다.

경제학자이자 자연주의자로 활동했던 니어링은 100번째 생일이 다가오자 곡기를 끊고 과즙을 마셨다. 얼마 후부터는 물만 마시다가 생일을 보낸 보름쯤 후 아내의 노래를 들으며 숨을 거두었다. 구달과 니어링은 죽음에 있어 방식은 달랐지만 급격한 삶의 미끄럼길에서 인간으로서 품격을 지키고자 했다는 점에서는 일치했다.

우리 조상들 중에도 마지막을 감지하고 음식을 줄이면서 죽음을 준비한 분들이 종종 있었다. 선승이나 도인처럼 수련으로 의식수준이 고도에 이른 분들이다. 집안 어른들 중에도 그런 분들이 계셨다는 이야기를 종종 듣는다. 의식이 예민해지면 마지막 때를 감지할 수 있다고 한다. 곡기를 끊는 것에 대해 부정적으로 보는 이들도 있지만 고령의 노인의 경우 젊은이들처럼 큰 고통은 느끼지 않기에 비교적 편안한 방법이라는 것이다.

그런데 구달은 노구를 이끌고 왜 굳이 스위스까지 날아갔을까? 그것도 죽기 위해서 말이다. 뜻이 꼭 그러했다면 니어링처럼 곡기를 끊고 조용히 끝낼 수도 있지 않았을까?

이에 대한 사람들의 추측은 다양했다. 어떤 이는 "안락사가 합법이라서."라고 말했다. 그렇다면 안락사는 합법이지만 자살은 불법이란 뜻일까? 죽을 마당에 자신의 죽음이 합법인가 불법인가를 따질 사람이 있을지 모르겠다.

중세시대에는 생명이란 신에게서 위탁받은 것이라는 생각이 지배했기에 자살은 가장 큰 죄였다. 이후 이성 중심의 시대가 되면서 자살을 죄로 치부하기보다는 우울증 같은 병으로 여기는 경향이 커졌다. 죽음이 합법이냐 불법이냐 하는 말은 그 자체로 법적 정당성을 염두에 둔 것이라기보다는 심정적으로 수용 내지 허용받고 싶다는 뜻이 아닐까. 이는 본인은 물론 가족들의 명예와도 직결되기 때문이다.

또 다른 이는 '굶기가 힘들어서'라고 추측했다. 그러나 이는 건강한 우리의 관점에서 본 것이다. 니어링 박사의 경우에도 물만 마셨지만 정신은 더욱 맑아졌고 편안하게 담소도 나누었다. 설령 허기를 느꼈다 해도 그분의 의식수준을 보건대 이겨낼 수 있었을 것 같다.

진짜 이유는 무엇이었을까 이리저리 생각해보던 중, 바로 구달 박사의 다음 말에서 놓치고 있었던 단서를 발견할 수 있었다.

"노인이 삶을 지속해야 하는 것으로부터 자유로워질 수 있는 도구로 내가 기억되기를 바란다."

자신의 죽음을 개인의 일로 끝내지 않고 오늘을 사는 우리들에게 메시지를 던지기 위해서였을 것이다. 죽음으로 치닫는 마지막 여정에서 삶은 권리가 아니라 어쩌면 의무가 되어버렸는지도 모른다. 사람은 누구나 자신이 마치고자 하는 삶의 방식이 있을 테지만 끝자락에 이르면 주도권은 의료진에게로 가족에게로 넘어간다. 의료기구에 의존하는 것은 물론이고 의학적 관심의 대상이 되거나 심지어는 연금 등 재정문제 때문에 이해관계인들에 의해 억지로 연장되기도 한다. 삶도 죽음도 아닌 경계선에서 기약 없는 시간을 보내기에 이른 것이다. 마지막은 길어졌고 느려졌다. 삶의 존엄함이란 생명의 소중함 못지않게 중요한 가치이다.

구달 박사는 고령 시대 노인들이 그러한 제약과 속박에서 벗어날 수 있기를 바라는 마음이었을 것이다. 그리고 한발 더 나아가 죽음을 외면하고 장수와 젊음만을 추구하는 우리에게도 경종을 울리려 했던 것은 아니었는지…. 구달 박사의 명복을 빈다.

냉동인간의
소원

미래의 부활을 꿈꾸며 자신의 뇌를 냉동 보관시킨 여성의 이야기가 보도되었다(2015. 9. 15. 조선일보).

25세의 미국 여성 '캄'은 뇌종양 진단을 받았으나, 저세상에 대해 농담을 하는 등 의연한 태도를 보였다. 그뿐만이 아니었다. 무의미한 치료를 계속하는 대신 머리를 냉동 보관하겠다면서 어느 '생명연장재단'에 자신의 뇌를 맡기기로 했다. 이는 미래 언젠가는 뇌에 담긴 의식을 되살릴 수 있을 거라는 생각에서였다.

그러나 사망 후 수술에서는 뇌 전체가 아닌 표면 부위만 성공했고 다른 부위는 모두 손상되고 말았다. 이에 대해 그녀의 남자친구는 이렇게 말했다.

"생각에 관여하는 대뇌피질 대부분이 보존된 만큼 미래에 여자친구의 '정신'을 다시 만나게 될 거라는 희망을 절대 버리지 않겠다."

그렇다면 자신은 여자친구의 깨어난 정신과 재회할 때까지 살아있을 자신이 있다는 것일까? 정신이나 의식이란 뇌가 되었든 심장이 되었든 그 어딘가에는 담겨 있어야 할 텐데 연인이 아닌 다른 이의 신체에 이식해야 할 상황이라면 어떠할까? 영원히 살고 싶다는 두 연인의 이러한 열망이 단지 이 두 사람만의 생각일까?

희귀병에 걸린 영국의 또 다른 소녀도 "수백 년이 걸리더라도 냉동보존을 통해 다시 살아날 기회를 맞고 싶다."라고 말했다. 그녀 역시 인체 냉동기관에 안치되었다.

인체 냉동보존술은 1960년대에 처음 시작되어 현재 미국과 러시아 등에 세워진 기관에서 시행되고 있다.

미국의 알코어(Alcor)재단에 따르면, 이제까지 냉동보존술을 받은 사람은 약 300명에 달한다고 한다. 그러나 아직까지는 소생한 이가 한 명도 없는 것은 물론 미래에도 그 여부가 불투명하다는 것이 문제이다.

설령, 냉동보존을 한 후 오랜 기간이 지나 깨어났다고 했을 때, 과연 부작용은 없는 것일까? 냉동보존으로 깨어난다 하더라도 그동안 주변 환경 등이 너무나 달라져 있을 터이니, 이로 인해 파생되는 문제들도 많을 것이다.

　주제 사마라구의 소설 ≪죽음의 중지≫에는 죽음이 중지된 상황이 잘 묘사되어 있다.

　죽음이 파업을 벌여 이제 아무도 죽지 않는데, 이는 인간들을 위한 것이 아니라 오히려 인간들을 혼내주기 위해서였다. 죽음이 파업에 들어가자 사람들은 영생을 누리게 되었다는 기쁨에 춤을 추지만 이는 잠시뿐이다. 죽는 이가 없어지니 종교계와 장의업계의 불만이 커지고 병원과 양로원은 미어터진다. 참다못한 사람들은 삶과 죽음의 경계에서 오도 가도 못 하는 가족을 국경으로 데리고 간다. 죽음이 중지된 것은 이 나라에만 국한되었기 때문이다. '죽음'은 인간들을 '혼내 준' 후 다시 업무에 복귀하지만 얼마 후 다시 중지에 들어갔다. 천하무적 죽음이었지만 인간인 한 남자를 사랑하게 되자 업무를 포기하고 사랑을 택하기에 이른다.

　'죽음'을 포기하도록 만드는 것, 마침내 죽음을 굴복시킨 것은 사랑이었다.

　죽음의 사신도 그럴진대 하물며 인간에랴. 사마라구는 속절없이 맞이해야 하는 죽음이라는 엄연한 현실도 사랑을 통해 극복할 수 있다는 것을 역설적으로 보여주었다.

킴이나 또 다른 영국 소녀는 보이지 않는 기억이나 사랑보다는 보이는 '몸'을 중요하게 생각했던 건 아니었을까? 젊은 그들로서는 못다 한 청춘이 안타까웠으니 그럴 법도 하다. 그렇다면 그들이 노인이었다면 다른 선택을 했을까?

나이를 먹을수록 몸은 쇠약해지지만 사랑하는 이들과의 추억은 쌓여 간다. 냉동된 신체보다 사랑하는 마음을 남기고 떠난다면, 그리하여 오래 기억될 수 있다면 우리는 죽어도 죽지 않을 것이니 죽어서도 죽음을 뛰어넘는 것이 아니랴.

안락사
청원

프랑스의 86세 동갑내기 노부부의 자살이 커다란 파문을 일으켰
다. 이 부부는 60년 전 신혼의 꿈을 키웠던 유서 깊은 호텔에서
함께 죽음을 선택했다(2013. 11. 26. 세계일보).

늦은 아침 종업원이 인기척 없는 방문을 따고 들어가 보니
부부는 얼굴에 비닐봉지를 쓴 채 서로의 손을 꼭 잡고 침대에
누워 숨져 있었다. 남편은 경제학자이자 철학자로서 국가적인
석학이었고 부인은 작가 겸 교사였는데 이 지식인 부부는 유서
에서 '죽음보다도 두려운 것은 남에게 의존해야 하는 상황'이라
고 썼다.

그들은 파리검찰청을 향해서 쓴 또 다른 유서를 통해 이렇
게 항변하기도 했다.

"'법이 평화로운 죽음을 맞을 기회를 가로막고 있다. 평화롭

게 삶을 마감하고 싶은 사람이 이런 끔찍한 방법으로 자살할 수밖에 없도록 하는 권리를 누가 갖고 있는가!"

프랑스에서 안락사는 불법이다. 다만 2005년부터 치료가 불가능한 말기 환자에 한해 본인의 의지에 따라 치료를 중단할 권리는 부여하고 있다. 2012년 올랑드 대통령은 안락사 허용을 대선 공약으로 내걸고 당선됐으나 가톨릭계의 강한 반발에 부딪혀 추진에 어려움을 겪고 있었다. 이러한 상황에서 노부부의 죽음은 프랑스를 큰 충격에 빠뜨렸고 또다시 격렬한 안락사 논쟁을 불러일으켰다.

안락사를 뜻하는 'euthanasia'는 'eu(good)+thanatos(death)'로서 좋은 죽음, 즉 '편안하고 수월한 죽음' 또는 '자비로운 죽음'을 의미한다. 그러니 지금 같은 특정 방식의 죽음을 말하는 것이 아니라 가치와 판단의 측면이 강한 말이었다.

안락사 하면 인도 영화 <청원>을 빼놓을 수 없다. 14년간을 전신 마비 상태로 살아온 마술사 이튼은 손가락 하나 움직일 수 없기에 혼자 힘으로는 죽을 수조차 없는 불행한 인물이다. 그는 아무것도 할 수 없는 지옥 같은 고통에서 벗어나기 위해 법원에 안락사를 요구하는 청원서를 제출한다. 하지만 간절한 청원은 거부당하고 이에 분노한 이튼은 라디오 방송을 통해 청취자들에게 "나의 안락사에 대해 어떻게 생각하느냐?"라는 질문을 던진다. 하지만 사람들 역시 살아감에 대한 희망, 명예 등등을 언급해가며 강력한 반대 의사를 밝힌다. 이는 용기는커녕 이튼을 오히려 지독한 고립감과 절망에 빠뜨릴 뿐이다.

이튼의 안락사에 찬성하는 사람들은 누구보다 그와 가까웠던 지인과 가족뿐이다. 이튼의 고통에 함께 아파하며 온몸으로 지켜본 이들이다. 삶은 분명 소중한 것이지만 삶보다 죽음이 나은 시점 또한 존재한다는 것을 함께 고통을 겪어본 이들은 알고 있었다.

'행복전도사'로 불리며 '자살' 대신 '살자'를 외쳤던 최윤희 씨가 남편과 동반 자살하여 우리에게 큰 충격을 준 일이 있다. 많은 이들이 그녀에게서 배신감을 느꼈는데 "통증이 너무 심해서 견딜 수 없다."라는 유서를 통해서야 그녀가 짊어졌던 고통에 대해 어렴풋이 짐작할 수 있었다.

수많은 말기 환자들을 지켜보았던 국립암센터의 윤용호 박사는 바람직한 죽음의 첫 번째 조건으로 '육체적 고통이 없을 것'을 꼽은 반면 사람들은 '주변에 부담 주지 않을 것'을 첫 번째로 꼽았다. (2012년 서울대 의대. '국민 웰다잉에 관한 조사') 이는 나보다도 뒤에 남을 가족을 염려하는 마음이겠지만 한편으론 '나는 그런 고통을 당하지 않을 것'이라는 근거 없는 낙관주의에 기인하는 것은 아닐까? 그것은 아마도 삶의 마지막 필사적인 시간에 손수건 위에 앉아서 심연을 조용히 항해해 건널 수 있다고 생각하는 것과 마찬가지일 것이다.

안락사니 존엄사니 하는 생명에 관한 가치에 대해 혼란과 이견들이 분분하지만 그에 대한 도덕이나 윤리에 앞서, 스러져가는 것들에 대한 따뜻한 시선과 고통에 대한 연민의 마음부터 필요하지 않을는지.

자연사
수난시대

일간신문에는 무연고 사망 공고가 종종 실린다. 공고에는 인적 사항과 사망 장소, 사인(死因), 시신 처리 방식 등 간략한 정보가 기재된다.

오늘은 두 사람이 우리가 모르는 새 어디론가 흘러가 버렸다. 그들의 사인을 살펴보니 한 명은 '질병사', 또 한 명은 '자연사'라고 되어 있다. 이렇듯 구분해놓은 것을 보니 질병사는 자연사가 아니란 말일까? 둘의 차이는 무엇이람? 생로병사란 말에서도 알 수 있듯 죽음 앞에 질병은 필연적 과정일 수도 있지 않은가.

자연사의 사전적 의미는 '노쇠하여 자연히 죽음, 또는 그런 일'이다. 의학적으로는 자살·피살·사고사·약물중독 등에 따른

외인사(外因死)와 대비된다. 질병으로 인한 사망은 자연사에 포함된다. 자연사는 곧 '집'에서의 죽음이라는 전통적 인식 때문인지 위급한 상황에서도 환자를 병원으로 이송하지 않고 끝내 집에서 임종을 하는 경우를 가끔씩 보게 된다. 자연사했다고 애써 스스로를 위로하지만 주치의도 제대로 없는 우리 현실에서 집에서 죽음을 맞는 것은 환자나 가족 모두에게 부담과 죄책감으로 남기 십상이다.

병원과는 떼려야 뗄 수 없는 요즘 시대에 '자연사=집'이란 정의는 재고해볼 필요가 있다. 병원에 가긴 가되 고통만 더하는 연명 의료는 하지 않는 것, 이것을 자연사라고 규정해야 하지 않을는지.

자연사란 말 그대로 '자연스러운' 죽음이다. 그런데 자연스럽다는 것은 무슨 뜻일까?

의학이 지금처럼 발달하지 않았던 시절에는 출생과 마찬가지로 죽음도 집에서 일어났다. 소멸의 흐름이나 과정에 맡겼으니 '자연사'란 아마도 그런 것이었을 터이다. 특별한 질병 없이 짧은 기간 집에서 시름시름 앓다가 운명하거나, '아침밥 잘 드시고 점심때 가신' 경우였다. 후자의 경우, 형태로 봐서는 돌연사와 비슷하지만 차이가 있다면 고인의 연령, 그리고 그 죽음의 환경을 바라보는 우리의 시선일 것이다. 젊은이라면 돌연사요, 노인이라면 자연사라고 해야 할까?

그런데 젊은 세대들이 생각하는 자연사는 이와는 또 다른 모양이다.

<우리 자연사하자>라는 충격적인 제목의 노래가 젊은이들 사이에서 유행하고 있다고 한다. 자연사든 질병사든 때 이른 집단적 죽음 이야기에 놀랐다. 가사 중에는 '아플 땐 의사보다 퇴사' '어차피 잘 안 될 거야, 그러니 너무 잘하려 하지마'라는 자조적 문구가 있고 '우리 자연사하자'란 부분이 후렴처럼 반복된다. 죽음을 외치는 이 노래에서 젊은이들은 오히려 큰 위로를 받는다고 한다.

그런데 이들이 말하는 자연사는 무엇일까?

그들의 자조적인 반어적 정의는 더욱 충격적이다. 그들에게 자연사는 노쇠하여 맞는, 의료 개입을 막는 죽음이 아니라, '스스로 끝내지 않는' 죽음이다. 그만큼 삶을 끝내고 싶은 충동이 크다는 반증일지 모른다.

캐나다의 역사학자인 이안 다우비긴은 ≪안락사의 역사≫에서 이렇게 말했다.

"한 사회가 훌륭한 죽음을 어떻게 정의하느냐 하는 문제는 그 사회 구성원 모두에게 영향을 미친다."

훌륭한 죽음을 정의하기란 어렵긴 하지만 전통적으로 이야기되어 온 '자연사'에 대해서도 새롭게 자리매김을 할 필요가 있을 것이다. 이래저래 자연사 수난 시대인가?

연명의료의향서가
뭐에요?

대형 종합병원 중환자실에서 다급한 호출이 왔다.

80대 후반쯤 보이는 환자가 이미 기관 내 삽관을 한 채 누워 있었다. 밥알 하나가 기도에 들어가도 괴로운데 커다란 호흡 장치를 넣었으니 얼마나 괴로울까.

고령에도 비교적 건강했던 환자는 갑자기 쓰러져 병원에 실려 온 후 경황없이 호흡기를 착용했다고 한다. 안 하면 당장 숨이 멎는다니 가족으로서는 거부할 수 없었을 것이다. 그런데 문제는 환자의 의식이 돌아온 후였다. 의식이 돌아왔지만 삽관으로 인해 한마디 말도 할 수 없었다. 힘겹게 쥔 펜으로 스케치북에 몇 글자를 적어 간신히, 그러나 강력하게 의사 표현을 하고 있었다. '괴롭다' '맘대로' '제발'이라는 짧은 단어들 속에서 환자의 절규와 분노가 느껴졌다. 당황한 가족들은 의료진에게 호흡기 제거를 부탁했지만 거절당했다. 미처 의향서를 써두지 못했지만 이제라도 어찌해 볼 요량으로 도움을 요청한 것이었다.

첨단의료기술 덕분에 장수의 혜택을 누리게 되었지만 그만큼의 대가도 치르게 되었다. 죽음에 이르는 마지막 과정은 힘들고 길어졌다.

환자가 원할 경우, 연명의료를 중단·거부할 수 있도록 하는 연명의료결정법이 2018년 2월 4일부터 본격 시행에 들어갔다. 그에 따라 연명의료를 거부한다는 본인의 의사를 사전연명의료의향서를 통해 미리 문서로 남길 수 있게 된 것이다.

연명의료(延命醫療)란 치료 효과 없이 임종 과정의 기간만을 연장하는 여러 의료 처치를 말하는데 인공호흡기는 대표적 경우이다.

호흡기의 경우 일단 부착하면 제거하기가 어렵다. '임종기'임을 판정받아야 제거할 수가 있는데 이를 판정하는 데 있어 의료진의 심적 부담이 클뿐더러, 심지어는 그런 판정을 내리는 의료윤리위원회가 없는 병원도 있다.

상담사인 나는 환자의 명확한 의사를 확인하고 사전연명의료의향서 작성을 마쳤다. 최대한 빨리 처리하여 국가기관을 통해 병원 측에 명령을 내릴 요량이었다.

그러나 이 병원에는 윤리위원회가 없었다. 아직은 시행 초기 단계이기 때문일 것이다. 본인이 그토록 간절히 원하는데도 제거할 수가 없으니 이제 남은 방법은 윤리위원회가 있는 병원으로 옮기는 것뿐이었다. 그러나 임종을 위한 입원을 어느 병원인들 선뜻 받아주겠는가. 이송할 병원을 함께 알아보던 중 다행스럽게도 호흡기를 제거하고 일반병실로 옮겼다는 연락이 왔다. 환자 본인이 줄기차게 필담으로 요구했기에 병원 측은 어렵게 결단을 내린 듯했다.

그리고 딱 이틀 후 환자는 별세했다. 호흡기를 제거한 덕분에 가족들과 마지막 이야기도 몇 마디 나누고 고통 없이 편안하게 가셨다면서 내게 거듭 감사를 표했다. 참으로 다행스럽고 보람도 큰 순간이었다.

사전연명의료의향서 상담사로서 나는 환자가 아닌 일반인들을 많이 만나왔다. 복지관, 경로대학에서 만나는 시니어는 물론 부모를 돌보는 중년의 관심도 크다. 건강할 때 마지막을 준비해야 한다는 공감대가 형성되어 가고 있다. 그런데 법제화가 되자 뜻밖에도 중환자실에서 요청이 폭주하고 있다. 미처 하지 못했다가 일을 당하고 나서 어찌 해보려 하지만 이미 때는 늦어 안타깝기 짝이 없다.

사전연명의료의향서는 국가에서 지정한 민간기관과 몇 군데 병원을 통해 작성 등록할 수 있다. 등록기관들은 계속 늘어날 것인데 서울지역의 경우 각당복지재단, 사전연명의료의향서실천모임, 건강보험공단 등에 방문하여 작성하면 된다. 직접 방문하지 않고도 작성할 수 있으니 각종 기관에서 열리는 웰다잉 교육을 통해서이다.

그게
안락사라고요?

어느 동물 보호 단체의 대표가 여론의 도마 위에 올랐다. 이 단체는 지난 몇 년간 학대받고 있는 동물들을 어렵게 구조해 데려온 후 무려 200여 마리를 안락사 시켰다는 것이다(2019. 4. 26. 연합뉴스 TV).

이 단체의 대표는 소수의 안락사는 불가피했다고 항변했다. 그러나 후원금까지 받고 있으면서 이러한 사실을 숨긴 채 계속해왔다는 사실에 사람들은 분노하고 있다. 한편에서는 "그럼 네가 키우지 그러냐?"라는 반론에 이르기까지 논란은 커지고 있다. 안락사를 은폐한 것, 건강에 문제가 없는 동물에 대해서도 그리한 것, 동물권을 무시한 것 등 비난의 이유도 다양하다. 굳이 '동물권'을 내세우지 않더라도 생명을 가진 존재로서 최소한의 대우는 해주어야 마땅할 터이다.

나는 반려동물을 그다지 좋아하지는 않지만 그럼에도 한 가지 짚고 넘어가야 할 것이 있다. '안락사(安樂死)'라는 용어에 대해서이다.

'안락사(euthnasia)'는 고대 그리스 로마 시대로 기원을 거슬러 오른다. 'eu(good)'+'thanasia(death)'으로 '좋은 죽음' '훌륭한 죽음'이란 뜻이었다.

좋은 죽음이 구체적으로 어떤 형태의 것을 의미하는지는 명확하지 않다. 그러나 사람이면 누구나 극심한 통증을 피하고 싶을 것이다. 지금도 좋은 죽음의 첫 번째 조건으로 '통증이 없을 것'을 꼽는 것을 보면 옛날에도 사정은 비슷했을 터이다. 안락사에는 여러 까다로운 조건이 전제되는데, 본인의 의사와 극심한 통증은 필수 조건이다.

일찌감치 안락사를 허용한 네덜란드는 1984년에 의사와 검사들 간에 합의 사항을 발표했다. 합의란 법적 정당성을 이끌어내기 위한 것인데, 첫째 조건은 '의사 결정 능력 있는 환자'이다. 그것도 한 번이 아닌 지속적인 의사표시여야 한다. 그리고 넷째 조건이 '회복 가능성이 없으며 참을 수 없는 통증'이다. 통증도 중요한 사항이지만 본인의 의사는 더욱 중요하다는 의미이다.

이 조건을 이번 사건에 적용해 보자. 우선 동물은 자신의 의사표시를 할 수가 없다. 물어봐도 대답을 들을 수 없으니 이 경우에는 '내가 그 입장이라면?'이라고 생각해볼 수밖에. 이는 사람도 마찬가지이다. 자신의 의사를 미처 밝히지 못한 채 큰일을 당할 경우 주변 사람들 또한 이런 고민을 하게 될 것이다. 의사표시와 통증 이 두 가지는 필수 사항인데 의사를 알 수 없다면 통증이라도 분명해야 한다. 차라리 죽는 게 낫겠다고 생각할 만큼 아픈 통증 말이다. 건강한 개들을 죽였다면 두 가지 요건 모두 '해당 없음'이다. 그렇다면 결코 '안락사'가 될 수 없고 도살을 미화시킨 것에 불과하다. 동물에 불과한데 안락사든 도살이든 아무려면 어떠냐고 할지도 모르겠다. 하지만 이 사건은 머지않아 사람에게도 큰 영향과 파장을 끼칠지 모른다.

최근 들어 안락사에 대한 관심이 커지고 있다. 고령 시대가 되어갈수록 삶의 양보다 질을 우선시하는 사람들이 늘어나고 있기 때문이다. 그래서 나는 지인들 11명에게 질문을 했다. '안락사'란 말을 들었을 때 연상되는 것이 무엇이냐고 물었더니 '본인 의사'(2명)보다는 '누군가 해주는 것'(9명)이 압도적으로 많았다.

본인 의사를 우선시하는 의료계나 법조계의 기준과 달리 일반인들이 '누군가'를 먼저 떠올리는 것은 어떤 이유에서일까? 아마도 신체를 소중히 여기는 유교의 영향과 더불어 반려동물의 경우를 연상시키기 때문은 아닐까.

반려동물을 키우는 이들이 많아지면서 그에 따라 동물 안락사도 늘어났다. 비록 '누군가'가 해줄망정 통증만큼은 분명히 있었다. 그런데 이번 사건은 통증이 없는 건강한 개에게도 했다는 점에서 위험성이 크다.

좋든 싫든 안락사에 대한 관심과 논의는 이제부터 본격화될 듯하다. 존엄한 죽음이든 안락한 죽음이든 본인 자신의 의사가 최우선임을 분명히 해야만 한다. 그래야만 그에 대한 오해와 불안도 해소될 수 있을 것이다. 안락사에 대한 정의부터 논의를 시작해야 함은 물론이다.

기부와
기억

신망 받던 정신과 의사가 자신이 진료하던 환자에게 흉기 피습을 당해 사망했다. 목숨을 잃은 것도 억울한데 조의금까지 기부했다. 고인은 평소 정신질환자의 인권과 자살 문제에 관심이 많았다. 어린 자녀들을 키울 일도 걱정이 크련만, 유족들은 고인이 생전에 못다 한 일이 계속되기를 바라는 마음에서 조의금을 기부하기로 결정했다고 한다(2018. 12. 31. MBC뉴스).

　실향민 아버지를 기리기 위해 아버지의 이름으로 거액을 탈북 학생들에게 기부한 딸도 있다. 아내 이름으로 기부를 한 남편도 있다. 뇌수술을 받은 아내와 '10년 후에도 건강하면 좋은 일을 하자'고 약속했지만, 아내가 세상을 떠나자 기부로 '좋은 일'을 대신했다. 또 어느 딸은 남들 뒷바라지에 헌신했던 아버지를 기리고자 아버지 이름으로 기부를 했다. 이제 기부는 생전에만 하는 것이 아니다. 죽은 뒤에 하는 기부도 늘어나고 있으니 기부 문화와 함께 죽음에 대한 의미도 달라지고 있는 것 같다.

고인의 이름으로 기부를 하는 것은 가족의 입장에서는 사랑하는 이를 오래도록 기억하고 싶어서일 것이다. 그러나 세월이 흘러 고인을 아는 사람들이 하나둘 사라지고 나면 고인의 흔적역시 사라질 것이 당연하다. 나는 사라져도 내 사랑하는 이의 고귀한 정신만큼은 영원히 기억되기를 바라는 간절함이 자리할 수밖에 없다. 누군가를 기억하고자 하는 것은 나 또한 기억되고 싶다는 바람의 표현이 아닐까. 물망초의 꽃말은 꽃 이름 그대로 '나를 잊지 마세요'이다. 연인의 요청대로 꽃을 꺾은 남자는 급류에 휩쓸려 돌아오지 못했다. 거센 물살에 떠내려가면서 남자는 꽃을 던져주며 "나를 잊지 마오!"라고 외쳤다.

죽은 여자보다 불행한 여자는 잊힌 여자라는 말도 있다. 그래서일까, 우리는 기념할 만한 것이면 무엇이든 이름을 새기고 낙서도 한다. 이렇듯 기억되고 싶어하는 것은 인간으로서 자신의 유한성을 극복하려는 불멸 의지의 무의식적 표현이라고 보는 견해도 있다.

멕시코의 애니메이션 영화 <코코>에는 1년에 딱 하루, 이승으로 외출을 허락 받는 망자들이 등장한다. 그런데 아무나 외출이 허락되는 것은 아니다. 이승의 가족에게 여전히 기억되고 있어야 한다는 조건이 있다. 기억되는지 여부는 '사진 게시 여부'로 판정된다. 멕시코에는 망자의 사진을 집에 걸어두는 전통이 있다. 그러니 저승 출입구 담당 직원은 망자가 살았던 이승의 집을 투시해보고 사진이 없으면 외출을 반려한다. 망자들에게 '잊혔는가 기억되는가'는 1년에 하루뿐인 외출 가부를 결정짓는 막중하고 유일한 사안이다. 그렇다면 조의금을 기부하는 것은 고인의 외출을 영원토록 보장하는 확실한 티켓이 될 터이다. 하지만 저승도 영혼도 없고 그냥 사라지고 마는 것이라면? 그렇다면 조의금 기부는 허무감을 달래려는 산 자들의 안타까운 절규인지도 모른다.

저승은 살기에 너무도 좋은 곳이라고는 하지만 그래도 나역시 가끔은 <코코>처럼 이승에 다녀오고 싶어질 것 같다. 그렇다면 나는 죽을 때 무엇을 기부할 수 있을까? 아니, 기부보다는 나눔이란 말이 좋을 듯하다. 돈이나 다른 것을, 이를테면 생명을 나눌 수도 있을 테니까. 장기 기증 서약은 해두었다. 언젠가 치르게 될 장례는 간소하게 하고 혹시 남는 돈이 있다면 무연고 장례에 기부해줬으면 좋겠다.

chapter 4

이별을 대하는 우리의 자세

이별을 앞둔
우리의 자세

배우 신성일 씨가 별세했다는 소식이 전해졌다(2018. 11. 4. SBS 뉴스). 유명 배우의 장례이니만큼 시시각각으로 빈소의 모습이 보도되었다. 그런데 주인공인 고인보다도 상주이자 부인인 엄앵란 여사의 모습이 더욱 인상적이었다.

고인 못지않은 유명 배우였던 그녀는, 80이 넘은 고령에도 불구하고 장례 기간 내내 자세가 흐트러지기는커녕 꼿꼿하고 올곧아 보였다.

남편을 마지막으로 보내는 영결식에서도 냉정하리만치 담담해 보였던 그녀는 눈물을 흘리지 않는 이유에 대해 이렇게 말했다.

"울면서 보내고 싶지 않다. 보내는 이들이 울부짖으면 망자가 차마 떠나지 못한다고 한다. 장례 다 치르고 나서 집에 가서

이불을 뒤집어쓰고 실컷 울겠다."

그녀가 이토록 의연한 것은 아마 그녀가 믿는 종교의 힘일 것이다. 그녀는 불교 신자이지만, 조용히 보내야 한다는 것이 불교만의 교리는 아니다.

고대 이집트에도 같은 이야기가 전해진다. 저승에 도착하면 망자의 심장은 저울에 올려진다. 저울 한쪽에는 깃털이 올려져 있는데 깃털보다 무거우면 입장이 거부된다.

심장이 깃털보다 가벼워야 한다는 것은 무슨 뜻일까?

심장은 마음을 상징한다. 그러니 마음이 깃털처럼 가벼워야 한다는 뜻이다. 이는 곧 이승의 한과 미련을 모두 내려놓고 오는 것이 '생전에 착하게 살았는가?'보다 더욱 중요한 문제라는 의미이다.

가벼운 마음으로 떠나기 위해서는 망자 자신뿐 아니라 그를 떠나보내는 이들의 태도 역시 매우 중요하다. 대부분의 사람들은 애통하고 안타까운 마음에 힘들어하는 환자가 하루라도 더 버텨주기를 바라곤 한다. 하지만 정말로 그것이 환자를 위한 것인지 아니면 보내는 자신을 위한 것인지는 스스로도 잘 모르는 경우가 많다.

이제 그만 떠나고 싶어도 가족들의 애원에 차마 그러지 못하거나, 혼자 있는 시간을 선택해 죽음을 맞는 경우도 종종 있다. 그렇다면 그 심장의 무게가 가벼울 리 없다.

엄 여사는 떠나는 남편의 발걸음을 가볍게 해주는 것뿐 아니라 저세상에서의 행복까지 빌어 주었다. 진정한 여장부요 통큰 아내이다. 그녀는 이런 덕담까지 덧붙였다.

"저세상에 가서는 순두부 같은 여자를 만나 구름 타고 이곳저곳 여행하면서 자유롭게 사세요."

순두부 같은 여자가 어떤 여자인지는 모르겠으나 그녀의 이런 배려는 어느 날 갑자기 생긴 게 아닐 것이다. 언젠가는 헤어진다는 것을 인식하고, 오랫동안 생각하고 고민해온 결과일 것이다.

굳이 미리 생각하지 않더라도 삶의 끝자락 모습에 대한 소망은 누구에게나 있을 것이다. 배우자보다 본인이 먼저 가고 싶은 이도 있을 것이고 반대로 배우자가 먼저 가기를 바라는 이도 있을 것이다. 아니면 동시에 함께 가기를 소망하는 이도 있을 것이다.

당신의 소망은 어느 쪽인가? 만약 배우자가 먼저 간다면 나는 그를 어떻게 보내주어야 할까? 또는 내가 먼저 간다면 어떻게 보내주기를 바라는가?

나의 경우 최선은 '함께' 가는 것이지만, 그럴 수 없다면 남편이 먼저 갔으면 한다. 남편을 외롭게 만들기 싫기 때문이다. 하지만 최악의 경우 내가 먼저 가고 남편이 남게 된다면? 그때 내가 할 수 있는 최선의 것은 나 없이 시작될 새로운 삶에 대한 덕담이 아닐까 한다.

엄 여사는 저승의 새 인생을 기원했지만 나는 이승의 새 인생을 기원할 것이다. 나보다 조금 못한 여자 만나서 조용히 근신하면서 살라는.

통장보다
비밀번호

캐나다의 한 가상화폐 거래소 대표가 갑작스럽게 사망하면서 이 회사가 보관하고 있던 1억 4500만 달러(약 1630억 원)어치의 가상화폐도 사라질 처지에 놓였다(2019. 2. 8 조선일보).

'쿼드리가'라는 이 회사는 캐나다 최대의 가상화폐 거래소인데 창업자이자 CEO인 제럴드 코튼이 여행 중 사망했다. 그의 나이 겨우 30세였다. 이 거래소의 가상화폐는 코튼이 아니면 누구도 손을 댈 수 없게 되어 있었다.

그가 사망하자 회사는 한 달 넘게 백방으로 애를 썼지만 암호를 풀지 못했다. 10만여 명의 고객이 모두 피해를 입게 되었으니 사망한 게 아니라 돈을 빼돌리려고 잠적했다는 음모론까지 등장했다.

그는 죽음을 예감했는지 한 달 전에 유언장을 남겼다. 아내에게 재산을 상속하는 것은 물론 자신의 반려견에게도 10만 달러 준다는 내용이었다. 하지만 회사 관련 비밀번호는 전혀 언급하지 않았다. 유족도 비밀번호를 몰랐고 유품 어디에도 단서는 보이지 않았다.

유언장을 쓰면서도 그 중요한 비밀번호를 알려주지 않았다는 것이 의아하다. 그렇다면 아내에게는 상속재산이 들어있는 계좌의 비밀번호를 제대로 알려주었는지 모르겠다. 본인이 없는 상황에서는 통장보다도 비밀번호가 더 중요할지 모르는데 말이다.

얼마 전 지인 J의 남편이 세상을 떠났다. 심근경색으로 갑자기 떠난 고인은 어쩔 수 없다 해도 당장 그 아내가 문제에 봉착했다. 평소 그 집 재정관리는 남편이 전적으로 맡아왔다. J는 하루 3만원씩 그야말로 반찬값만 타서 썼는데 요즘에도 이런 집이 있나 싶을 정도였다. 그런데 남편이 갑자기 떠나자 그 3만 원마저도 중단된 것이다.

사망신고가 접수되는 순간부터 고인의 모든 금융계좌는 복잡한 상속 절차가 완료될 때까지 모두 동결된다. 그러니 출금을 하려면 신고 직전까지 짧은 시간 내에 해야 한다. 비상금도 없는 J로서는 더더욱 그래야 할 처지였다. 하지만 카드가 어디 있는지 비밀번호가 몇 번인지 등등 정보라고는 전혀 없었으니 난감할 뿐이었다.

상속을 하거나 유언장을 남기는 것은 단지 돈을 넘겨 준다는 것만은 아닐 터이다. 자신이 없어도 남은 이들이 여전히 살아갈 수 있도록 배려하는 것이다. 또한 고인이 된 후에도 명예를 지키는 방법이 될 수도 있을 것이다. 코튼도 유언장에 회사 비밀번호를 알려주었더라면 잠적이라는 불명예는 뒤집어쓰지 않았을 것이다.

영화 <미소시루>에는 자신이 죽기 전 어린 딸에게 요리를 가르치는 엄마가 등장한다. 자신의 병이 나쁜 식습관에서 생겼다고 생각하는 엄마는 딸 만큼은 건강하게 살기를 바란다. 하지만 더 이상 자신이 음식을 해 먹일 수 없다는 것을 깨닫자 아이에게 미소된장국을 가르치기로 마음먹는다. 그러니 미소시루는 단순한 음식이 아닌 '건강'이고 엄마의 소망이고 사랑이었다.

나 없이도 여전히 살아가야 할 이들을 생각한다면 단지 죽은 후의 문제만은 아닐 터이다. 여행을 가거나 입원을 하는 일시적 부재에도 해당하는 일이다. 그러니 통장이나 비밀번호가 될 수도, 레인지나 세탁기 사용법이 될 수도 있다. 그러니 유언이나 상속은 죽기 직전에 하는 것이 아니라 평소에 섬세하게 생각해야 하는 설계라고 할 수 있다. 더구나 배우자가 알아야 할 것 또는 공유해야 할 사항이 무엇인지 점검해 볼 필요가 있을 것이다. 식구도 없는 요즘 시대에 나의 죽음은 혼자 남는 배우자의 삶을 송두리째 흔들어놓을지도 모르니까.

생전
장례식

장례식이란 죽은 후에만 치르는 것은 아닌 모양이다. 일본의 유명 일간지에 어느 기업인이 게재한 행사 광고가 눈길을 끌었다. 안자키 사토루(安崎暁)라는 사람은 지면을 통해 이렇게 밝혔다.

"암이 발견돼 수술도 불가능하다는 진단을 받았다. 연명 효과는 조금 있겠지만 부작용이 있을 항암 치료는 받고 싶지 않다. 미리 여러분들에게 감사의 마음을 전하고 싶다."

얼마 후 열린 이 행사의 타이틀은 '감사의 모임'이었다. 행사장은 지인들과의 추억이 담긴 사진들과 본인의 현역 시절 활약상으로 꾸며졌다. 그는 감사의 인사말을 마친 후 휠체어에 의지해 일일이 테이블을 돌며 한 사람 한 사람과 마지막 악수를 나누었다(2017. 12. 13. 중앙일보).

사람들은 이렇듯 생소한 행사를 '생전장례식'이라 불렀다. 아직 살아있는데 장례식이라니? 이상하게 느껴지지만 우리 조상들도 이런 형태의 장례식을 치르곤 했다. '산오구굿'과 '생전예수재'가 그것이다. 산[生]오구굿은 망자를 보내는 오구굿과 대비되는 개념으로 무속에서 행해졌다. 반면 생전예수재(豫修齋)는 '생전에 미리 닦는다.' '미리 공덕을 닦아 놓는다.'라는 의미로서 불교에서 행해진다. 둘 다 자신의 사후(死後)를 위해 살아생전 미리 지낸다는 공통점이 있는데 안자키의 생전장례식은 이와는 조금 달랐다. 굿이나 재가 본인의 사후를 염두에 둔 것인데 비해 안자키의 장례식은 사후보다는 생전 삶의 마무리에 초점을 두었다.

바다 건너 그의 사례는 우리에게도 깊은 인상을 남겨 최근에는 서울의 한 호스피스병원에서도 생전장례식이 열렸다(2018. 8. 15). 85세 암 환자는 부고장을 직접 썼다. 입간판에는 '나의 판타스틱 장례식'이라고 썼고 방은 풍선과 꽃으로 채웠다. 그리고는 환자복이 아닌 셔츠와 면바지를 입고 손님을 맞았다.

취업포털 커리어가 직장인 370명을 대상으로 설문조사를 했다(2018. 9). 우리에게 아직은 생소한 생전장례식에 대한 의견을 물었는데 응답자의 69.2%가 긍정적이었다. 그 이유로는 '장례식이 꼭 슬픈 분위기일 필요는 없기 때문에(44.9%)'가 가장 많았다. '많은 사람과 작별 인사를 나눌 수 있어서(27%)', '현재 장례식들은 허례허식이 많아서(18%)', '죽은 다음에 치르는 장례는 의미가 없어서(7%)'였다. 이외에도 '남은 이들도 이별을 준비할 수 있어서(3.1%)'도 있었는데, 이런 답변들로 보아 앞으로는 장례식의 분위기가 많이 달라질 것 같다. 하지만 생전장례식에 긍정적으로 답변했다 할지라도 막상 자신이 그런 상황에 처한다면 결단이 쉽지 않을 것이다. 시간의 여유가 주어질지도 의문이다.

죽기 전에 장례식을 연다는 것은 무엇보다도 자신의 죽음을 인정한다는 의미이다. 그렇게 되기까지는 지난하고도 격렬한 감정의 폭풍을 겪게 마련이다. '그럴 리 없다'는 부정에서 시작해 '왜 하필 나인가'라고 분노하다가 지푸라기라도 잡는 심정으로 신께 호소도 해보지만 엄연한 현실 앞에 속수무책으로 절망과 우울로 빠지는 게 일반적 과정이다(엘리자베스 퀴블러 로스 '죽음의 5단계'). 마지막 단계 '수용'은 앞의 단계들을 수없이 미끄러지면서 반복한 끝에 어렵게 도달하는 지점이다. 그러니 끝내 도달하지 못하는 이도 적지 않다.

주변에 어떤 이는 언제부턴가 모임에 뜸해지더니 SNS를 줄인다. 급기야는 연락을 취해도 반응이 없다가 잊힐 무렵이 되자 갑작스레 사망 소식이 들려온다. 뒤늦게 고인의 심정을 이해하고는 미안함과 자책감을 떠안게 된다. 또는 투병 중이란 사실을 전해 듣고 찾아가려 하지만 초라해진 모습을 보이고 싶지 않다며 거절하기도 한다. 나 역시 그런 상황에 놓인다면 한없이 작아진 모습을 누구에게 보여줄 수 있을지, 또 누구에게 감추고 싶을지 모르겠다. 하지만 마지막 인사도 건네지 못한 채 떠나고 나면 남은 이들에게는 죄책감마저 안겨 주기 십상이다. 생전장례식은 모두에게 이런 부담을 덜 수 있는 방법이 될 터이다. 누구에게나 끝은 온다는 엄연한 사실을 평소에 품고 지내기만 한다면

마지막
레시피

출판 기획자 강창래가 낸 요리책 ≪오늘은 좀 매울지도 몰라≫
에는 다양한 레시피가 등장한다. 친숙한 오믈렛, 나물, 숙주볶음
에서부터 꽤나 번거로운 짜장, 중국집 볶음밥, 채소 수프는 물론,
나가사키짬뽕, 해삼탕, 누룽지탕 그리고 이름도 생소한 과카몰리
까지 많기도 하다. 오믈렛과 나물이라 하여 친숙한 것 같지만
조리법은 결코 간단하지 않다. 그가 소개한 레시피의 공통점은
과정이 번거롭고 시간이 오래 걸린다는 것이다. 요즘 시대에 치
명적인 약점을 가진 레시피이다. 인터넷방송이나 '백주부'를 따
라 손쉬운 가성비를 추구하는 조리법이 '패스트 레시피'라면 저
자의 것은 완전 '슬로우 레시피'이다.

부엌살림이 서툴지만 남편은 아내를 위해 매끼 음식을 새로

만든다. 죽어가는 아내를 위해 음식은 물론 보리차도 대충 끓이지 않는다. 그는 보리차를 끓일 때도 팔팔 끓는 물에 보리는 딱 20분만 넣어둔다. 20분이 넘어가면 보리에 있는 전분질이 빠져나와 몸에 좋지 않다는 것이다. 그런 방식으로 하루에 두세 번을 끓였다. 물조차도 허투루 하지 않는다. 볶음밥은 밥을 볶는 게 관건이란다. 그는 따뜻한 밥이 아닌 찬밥으로 볶는다고 했다. 따뜻한 밥은 세상과 부대끼며 단련되지 못했기에 밥알이 여물지 못하다는 것이다. 밥알도 인생과 비슷한 운명인가 보다. 찬밥이 뜨거운 불과 싸우며 한 알 한 알 기름을 만나는 과정을 통해 비로소 제대로 된 중국집 볶음밥이 탄생한다니 그 맛을 다시 한번 느껴보고 싶을 정도이다. 언젠가 보았던 배우 하정우의 라면 광고가 생각나는 대목이다.

능률과 속도를 중시하는 요즘 시대에, 세상에서 가장 비효율적인 것은 아마도 음식인 듯하다. 가정간편식이라는 이름으로 온갖 음식이 판매되고 급기야는 집밥도 밖에서 사 먹는 상황이 되었다. 시간 절약은 물론 맛도 좋으니 좋다. 그런데도 남자는 아내가 먹을 음식일랑 모두, 그것도 최대한 번거로운 방식으로 하나하나 직접 만들었다. 주부인 나도 쉽지 않은 일이다.

잠을 설치고 업무를 미뤄가면서 엄청난 비효율과 번거로움을 감수한 이유가 무엇이었을까? 그것은 오직 사랑에 따르게 마련인 정성이었을 것이다. 세월이 흘러도 아내를 떠올릴 수 있는 추억거리를 만들어두려는 것일 터였다. 그는 매번 아내에게 먹고 싶은 음식을 물어보았고 그때마다 아내는 사양하는 법 없이 늘 새로운 음식을 말했다.

지인 K는 혼자 살고 있는데 중병으로 힘들어 한다. 입맛이 있을 리 없다. 기운도 밥맛도 없으니 어릴 적 음식이 생각난단다. 며느리에게 흰죽이 먹고 싶다고 했지만 영양가 없어 안 된다면서 고급 유기농 샐러드를 사오더란다. 고급 유기농을 선호하는 젊은 세대로서는 무리가 아니다.

이와 비슷한 사례도 있다. 혼자 살던 중년 남자는 거동을 할 수 없게 되자 누나에게 김밥을 사달라고 부탁했다. 하지만 고작 김밥 한 줄 때문에 가기가 번거로웠던 누나는 근처 지인에게 부탁을 했다. 그런데 여기서 문제가 생겼다. 남자의 상태를 알고 있었는지 지인은 김밥보다 죽이 나을 거라 판단하고 죽을 사들고 간 것이다. 며칠 후 남자는 주검으로 발견되었는데 뜯지도 않은 죽그릇이 그대로 있었다고 한다. K의 며느리나 남자의 누나뿐 아니라 사람은 누구나 자기중심적으로 생각하게 마련이다. '어떻게' 보다는 '무엇'에 더 신경을 쓴다.

음식도 마찬가지다. 저자라면 어떻게 했을까? 죽이든 김밥이

든 개의치 않고 환자가 먹고 싶다는 것을 그저 정성을 다해 만들었을 것이다.

매번 다른 음식을 요구하는 저자의 아내가 야속하기도 했다. 무슨 환자가 먹고 싶은 게 그리도 많을까 생각도 되었다. 하지만 주변 정리를 시작하면서 그녀가 한 말을 보니 이유를 알 것 같았다.

"내가 없어도 밥은 제대로 해 먹겠다 싶어 마음은 편해."

염치없었던 주문사항은 자신보다도 장차 혼자 남게 될 남편을 위한 준비이고 배려였던가 보다. 사랑하는 사람을 위해 음식을 만드는 것만큼 가치 있는 일이 또 있을까. 그리고 보니 얼마 전 남편 생일상을 차릴 때도 반찬가게에서 음식을 공수해왔다. 내년 생일에는 직접 만들어 차려야겠다. 이번이 마지막 생일이 될지도 모른다는 마음으로

갈 때를
안다는 것

친정엄마의 장례를 치르고 난 Y는 이렇게 말했다.

"사람에겐 여러 개의 자아가 있다잖아. 엄마의 겉 자아는 미국으로 돌아갈 것을 굳게 믿고 있었지만, 속 자아는 이렇게 될 줄 알고 있었나 봐…"

Y의 엄마는 희생과 모성애를 지닌 여느 엄마들과는 달랐다. 반찬보다는 간식을 좋아했고 사춘기 딸의 옷과 액세서리까지 탐내곤 했다.

자식보다 자신의 행복이 소중했던 엄마는 18살 딸을 두고 재혼을 하면서 미국으로 떠났다. 이후로 엄마가 잠시 한국에 들를 때면 모녀는 의례적이고 데면데면한 상봉을 했다. 그런데 이번에는 어쩐 일인지 무려 석 달을 함께 지냈다고 했다. 엄마는 노인이 되었지만 여전히 딸의 핸드백과 액세서리를 탐내면서 옛

날과 똑같은 모습을 보였다. 그런데 Y는 이상하게도 그런 엄마
가 믿기는커녕 안쓰러움을 느꼈다고 했다.

Y의 엄마는 출국을 며칠 앞두고 가벼운 증세로 병원에 들렀
다가 '당장 입원'을 통고받았다. 느닷없는 급성 패혈증이었다. 당
장 입원하라는 명령을 얼떨결에 따른 지 6일 만에 별세하고 말
았다. 맞춰놓은 틀니도 찾기 전이었다.

다른 때와는 달리 이번 귀국에서는 여러 사람을 만나고 딸
과도 많은 시간을 함께했으니, Y의 말대로 엄마는 정말로 떠날
것을 알았던 모양이다. 나의 시아버지도 그랬다. 남에게 신세 지
는 것을 무척이나 싫어하셨던 당신은 자식이 넷이나 되었지만,
어느 집에서도 주무시는 법이 없었다. 그런데 웬일인지 4남매
집을 모두 다니면서 딱 하룻밤씩 묵으셨다. 평소와 다른 행동에
우리는 모두 의아했는데 우리 집에 다녀가신 8일 후 사고로 세
상을 떠나셨다.

친구가 말한 '속 자아'란 프로이트 식으로 말하면 '무의식'이
라 할 수 있겠다. 무의식은 평소에 인지하지 못하지만, 우리의
의식을 지배하는 원천으로, 자신도 모르게 하는 말이나 행동의
원인이라 할 수 있다. 영매나 최면요법가들은 '핵심 자아' 또는

'대령(大靈, Oversoul)'이라고도 말하는데 이는 여러 번의 삶을 전제로 하는 말이다. 그들에 의하면 윤회를 거듭하면서 사람은 점차 수준이 높아져 간다. '대령'은 여러 생의 '나'들을 통합하는 일관되고 본질적인 자아를 의미한다. '나는 내가 아는 이상의 존재'라고 말하는 것도 이런 의미라 볼 수 있는데 내 속에 숨겨진 근원적 측면이요 잠재력이기도 하다.

영국 종교학자 크리스토퍼 M 베이치의 ≪윤회의 본질≫에 의하면, 사람은 저쪽 세상에서 이 세상으로 올 때 대략적인 삶의 청사진을 가지고 온다. 그러나 태어나면서 우리의 의식은 저쪽에서의 기억을 잊어가는데 말을 할 때쯤이면 완전히 잊는다. 그러나 무의식의 영역에서 핵심 자아, 즉 대령은 여전히 기억하고 있다는 것이다. 이생에서 언제 어떻게 죽을 것인지도 이미 윤곽을 정하고 왔기 때문에 예정된 때가 되면 자신도 모르는 행동을 하게 된다. 처음 보는 것인데도 언젠가 본듯한 '데자뷰(deja-vu)'를 전생의 기억이라고 말하는 이도 있지만 꼭 전생이 아니더라도 영계에서 결정했던 청사진의 장면으로 보기도 한다.

뜻밖의 재해나 사고로 갑자기 떠나는 경우를 종종 보게 된다. 미처 준비하지 못한 이별이 원통하고 후회스럽지만 곰곰이 생각해보면 고인들은 무의식에서 마지막을 예감했을지 모른다. 그렇다면 그들의 미세한 변화를 알아채지 못한, 살아있는 우리가 더 가슴을 쳐야 할지 모른다.

어떤 이가 평소와 다른 뜬금없는 행동을 할 때 우리는 무심코 '죽을 때가 됐나 보다'라고 말하는데 이는 정말로 일리가 있는 말이다. 무심코 던진 말에 각별한 관심이 뒤따라야 함은 물론이다.

어차피
죽을 사람

백악관의 커뮤니케이션 담당 보좌관 캘리 새들러가 구설에 올랐다. 말기 암을 앓고 있던 매케인 전 상원의원이 회의에서 자신과 의견을 달리하는데 분개한 나머지 말끝에 "상관없어. 어차피 그(매케인)는 죽어가고 있으니까."라고 덧붙였다는 것이다. 순간 불편해하는 기색들이 역력했고, 정적이 감돌자 보좌관은 '농담'이라며 황급히 주워 담았다는 후문이다 (2018. 5. 11. 조선일보). 명색이 커뮤니케이션 담당이라지만 죽어가는 이와는 전혀 소통하지 못한 것 같다.

몇 년 전 고 스티브 잡스가 마지막 투병 중일 때는 사진들이 여기저기 돌아다녔다. 부쩍 수척해진 뒷모습이며, 바지가 흘러내릴 듯한 엉덩이를 클로즈업한 사진에다, '6주 남았다, 5주 남았

117

다' 등의 추측이 따라다녔다. 엄연히 살아있는데도 사람들은 서둘러 잡스를 저세상으로 보내버린 셈이었다. 이번 보좌관이나 전번 파파라치들의 행동이 멀리서 들려온 것이라고는 하지만 그게 어디 남의 나라만의 일이겠는가. 어차피 죽지 않을 사람이 있을까. 매케인이나 잡스가 느꼈을 소외감과 고독감이 어떠했을지 건강한 우리로선 가늠하기 힘들 것이다.

동물 중 로드킬을 가장 많이 당하는 것은 고양이라고 한다. 여기에는 여러 이유를 들 수 있는데 먼저 동물 등록제이다. 동물 등록제란 반려동물에게 칩 시술을 통해 소유자의 인적사항을 등록함으로써 분실 시 쉽게 찾도록 하는 제도이다. 그런데 그 대상에 있어 개와 달리 고양이는 필수가 아닌 권고사항에 불과하다는 설명이다. 또 다른 이유로는 '고양이 심리'를 들 수 있을 것 같다. 고양이가 사람 심리가 아닌 고양이 심리를 갖는 것은 당연해 보인다. 그러나 '고양이 심리'란 자신이 세상에서 제일 빠른 줄 알고 차가 달려와도 피하지 않는 태도를 말한다. 고양이 심리에 빠진 사람들은 사고뿐 아니라 모든 경우에도 자신들은 아니라고 여긴다. 죽음에 대해서도 마찬가지다. 미국의 보좌관도 그러한 심리에 빠져있었던 모양이다.

작가 톨스토이는 이러한 태도를 일찌감치 간파했으니 통찰

력이 대단했던 것 같다. 그의 중편소설 <이반 일리치의 죽음>은 장례식장에서도 죽음을 남의 일로만 여기는 문상객들로 이야기가 시작된다. 동료들은 다음 차례 승진을 누가 할지, 친구들은 장례식장을 빠져나가 어디 가서 놀지를 고민한다. 심지어는 고인의 아내 역시 변호사를 붙들고 연금 액수를 물어보기 바쁘다. 죽은 건 그 사람이지 '나'와는 아무 상관이 없다는 태도로 동상이몽들이다. 이들이 공통으로 느끼는 마음은 '내가 아니라 그가 죽어서 다행'이라는 안도감뿐이다. 소설에서 죽어가는 이반에게 위로가 된 사람은 딱 한 명, 하인 게라심 뿐이다. 죽음을 앞둔 사람에게 어떤 말을 해야 할지, 섣불리 말했다가 오히려 사태를 악화시킬까 봐 전전긍긍하는 게 우리네 심정일 것이다. 게라심이 위로를 줄 수 있었던 것은 별다른 말이 아니었다. "우리도 언젠가는 다 죽을 테니까요"라는, 공감에서 나오는 지극히 당연한 말이었다. 단순하고도 엄연한 사실이지만 가슴으로 느끼기는 결코 쉽지 않은 말이다.

우리가 알고 있는 '카르페 디엠(carpe diem)'이란 말은 '오늘을 즐겨라'로 알고 있지만 그저 즐기라는 뜻은 아니다. 'carpe'는 'hold, seize'의 뜻으로 '붙잡다'는 뜻이다. 다시 오지 않을 오늘을 충만히 붙잡으라는 의미이다. 중세 서양에서 '카르페 디엠'과 짝을 이루던 대칭 문구인 '메멘토 모리(memento mori)'는 '죽음을 기억하라'는 뜻으로 카르페 디엠의 전제조건인 셈이었다. 죽을 운명이라는 것을 직시할 때 삶을 소중하고 가치 있게 붙잡게 되기 때문이다.

최근에는 우리 사회에도 '웰다잉'이라는 말이 친숙한 용어가 되었다. 죽는 것도 연습해야 하느냐는 반론도 있지만, 결코 죽음을 위한 죽음이 아니라는 것, 죽음의 시점에서 삶을 바라보는 것이라는 점을 분명히 하고 싶다. 죽음에 관심을 갖는 것은 '오늘'을 제대로 살기 위한 것임은 물론, 이 외로운 시대에 서로가 서로에게 가져야 할 연민과 동정의 기본 태도이기 때문이다.

알리의
최후 메시지

어떤 일을 10년 전부터 기획한다면 그것은 일생일대의 대단한 프로젝트임에 틀림이 없다.

복싱 스타 알리(Muhammad Ali)에게는 자신의 장례식이 그랬다. 1960년 로마올림픽 금메달리스트이자 세계 헤비급 챔피언이었던 알리는 은퇴 후 30년이 넘도록 파킨슨병을 앓았다. 선수생활을 하면서 머리를 많이 맞아 운동을 담당하는 뇌 부분이 일찍 손상되어 근육이 약화되기에 이르렀다. 강인했던 신체가 허물어지는 것은 자신의 정체성과도 관련되는 일이었을 테니 고통도 컸을 것이다.

투병 중에도 세계 곳곳에 만연했던 인종·종교 차별에 반대하며 통합을 강조해왔던 그가 74세를 일기로 2016년에 세상을 떠났다(2016. 6. 4. 연합뉴스).

알리는 자신의 건강이 악화되기 시작한 10년 전부터 장례식 프로젝트를 기획했는데 내용은 5센티 두께의 ≪the book≫에 담겼다. 그는 자신의 죽음과 관련된 행사를 준비하면서도 결코 우울한 기색을 보이지 않았다고 한다. 장지(葬地)를 직접 골랐고 일반인도 참석할 수 있도록 공개 장례식을 열어달라는 뜻을 남겼다.

그러한 뜻이 전달되어서일까. 장례식 입장권 1만 5천 장은 배부 1시간 만에 동이 났고 온라인 벼룩시장에는 입장권을 유료로 판매한다는 글까지 올라왔다. 고인이 이 소식을 들었다면 관속에서 벌떡 일어났을지도 모를 일이다. 고향 루이빌에서 열린 그의 장례식은 이슬람 예배로 진행되었지만, 기독교·유대교·불교·모르몬교 등 다른 종교인들도 참석했다. 장례식에는 무려 1만 4천여 명이 모였는데 이는 인종이나 종교에 관계없이 누구든 올 수 있게 기획한 덕분이었다.

장례식에 참석한 사람들은 '알리는 무슬림이라는 사실을 멋진 일로 만든 사람', '알리가 장례식을 통해 전달하려는 메시지는 포용'이라고 말했다. 또한 BBC는 '이슬람 혐오증이 만연한 요즘 알리의 장례식은 좋은 무슬림이면서 동시에 좋은 미국인일 수는 없다는 우스꽝스러운 관념에 카운터펀치를 날린 것'이라고 보도했다. 그의 소망대로 관은 작은 공동묘지에 안치됐고 묘비에는 소박하게 '알리'라는 이름만 새겼다. 그는 자신이 더 이상은 존재하지 않을 세상에 평화의 메시지를 던짐으로써 진정한 영웅이 되었다.

유명인의 죽음에는 이런저런 뒷얘기가 무성하고 죽음의 파급효과는 강력하다. 알리가 평소에 죽음을 준비했다는 것도 놀라운 일이지만 그가 남긴 메시지는 더욱 놀랍다.

세계 챔피언답게 알리는 자신의 죽음으로 세계를 통합시키고자 했지만, 우리 같은 보통 사람들은 가족도 통합시키기 어려울 것이다. 아니 어쩌면 세계보다 가족이 더 어려울지 모른다. 장수 시대가 되면서 악화되는 것은 가족애가 아닐까 싶다. 부모가 나이 들고 마침내 삶의 종착지로 이어지는 느리고 긴 궤도에 진입하면 가족 간의 오해와 갈등은 커지기 십상이다. 부모가 돌아가시면 형제자매는 커다란 국면을 맞게 된다. 굳건하게 화합할 수도, 아니면 영원히 갈라설 수도 있는 것이다. 현실은 유감스럽게도 갈라서는 경우가 대부분인데 이는 서로의 인생에서 너무도 큰 손실이다.

주변의 시니어들에게 형제 관계에 대해서 물어 보았다. 대부분이 부정적 답변을 했는데 예상대로 결정적 계기는 부모의 죽음이라고 했다. 그런데 한 가지 흥미로운 사실은 깨진 형제 관계의 복원 가능 여부이다. 여기에는 맏이의 성별이 매우 중요하다고 했다. 맏이가 여자이면 그나마 여지가 있지만 남자일 경우 100% 불가능하다는 것이다.

베이비부머 세대들은 부모 세대보다 자식이 적어 이런 위험 가능성은 줄어들지 모른다. 어쨌거나 내가 죽고 나서도 남은 이들이 사이좋게 살아갈 수 있는 방안에 대해서도 생각할 필요가 있을 것 같다.

딸아,
그만 슬퍼하렴

길을 걷다 문득 Y 생각이 났다. 엄마를 떠나보내고 고아가 된 무남독녀 그녀가 갑자기 생각난 것이다. 전화를 걸어 "밥은 잘 먹냐?"라는 싱거운 질문을 던졌다.

하나뿐인 딸에 대한 배려였을까. 의식이 없는 상태에서도 Y 의 엄마는 마지막 떠나는 시간 만큼은 스스로 선택하신 것 같았다. 상주도 많지 않을 테니 하루가 끝나는 자정 무렵을 택해 '짧은 3일장'을 치르도록 해주셨다. 또 다른 지인 M의 어머니는 M이 자녀 결혼을 앞두고 혹시나 어머니가 돌아가시지나 않을까 노심초사하는 것을 아셨던지 손녀의 결혼식을 무사히 치른 후에 돌아가셨다고 한다. 삶의 끝에 다다른 이들에게는 이처럼 마지막 시간을 선택할 수 있는 신비로운 능력이 있다고 하는데 이런 능력은 일종의 초능력인 듯하다. 이 초능력은 남은 이들을 걱정하고 배려하는 마음에서 기인하는 것 같다. 또한 그들은 대부분 두 가지를 확실히 다짐 받고 싶어 한다. '이제는 떠나도 좋다'는 허락과 함께 '당신이 없어도 꿋꿋하게 잘 살아가겠다'는 약속이다. 영혼의 세계를 연구하는 이들은 사람이 몸을 벗어난 후에는 남은 이들을 걱정하고 위로한다고 말한다. 심지어는 원한이나 비극으로 생을 마친 경우에도 '좋은 곳에 있으니 내 걱정은 말라'는 메시지를 보내기도 한다. 사랑하는 이들의 비탄을 위로하려고 어떤 형태로든 행동을 취한다는 것이다.

최면요법가 마이클 뉴턴은 ≪영혼들의 운명≫에서 고인들이 살아 있는 우리와 접촉을 시도하는 방법들을 소개하고 있다. 첫 번째는 '신체적 접촉'이다. 실제로 살짝 몸에 닿는 부드러운 터치를 느끼거나 고인을 연상하는 냄새를 맡았다는 사람들이 종종 있다. 두 번째는 '물건'을 통해서이다. 고인의 물건을 접촉하거나 만지게 되는 때가 있는데 이는 고인이 상대방의 마음을 움직인 결과라는 것이다. 그러니 옷이든 장신구든 고인의 것을 들고 마음을 열면 접촉이 이루어진다. 세 번째는 '꿈'인데, 이는 가장 흔한 형태이다. 죽은 사람이 꿈에 보이면 불길하다고 생각하지만, 같이 가자고 잡아끌지만 않는다면 불쾌한 일은 아니다. 네 번째는 '어린이'를 통한 접촉이다. 어린아이의 무심한 말이나 행동에서 고인의 단서를 감지하게 된다. 다섯 번째는 '익숙한 환경'이다. 자신도 모르게 고인과 함께했던 장소나 상황으로 이끌리는 경우이다. 이는 마치 신비 체험 같은 느낌을 주기도 하는데 이는 영혼에서 비롯되는 것이다. 여섯 번째는 '타인'이다. 타인을 메신저로 활용하는 사례 또한 많다. 주변 사람들 중에는 마트에서 마주친 낯선 이에게서 죽은 남편이나 가족의 말투나 표정을 읽었다는 이들이 있다. 물질 세계에 익숙한 우리는 이런 것들을 그저 우연이라 여기면서 지나치지만 이 모든 기억과 생각은 사실 고인이 간절한 마음으로 고도의 집중력을 발휘한 결과라고 한다.

그렇다면 내가 문득 Y를 생각한 것은 나의 의지나 우연은 아니었을 것이다. 딸을 걱정하는 그녀의 엄마가 나라는 '타인'을 통해 메시지를 전하고자 하는 게 아니었을까.

"딸아, 밥 잘 먹고 이제 그만 슬퍼하렴…"

chapter 5

기억, 불멸에 대한 의지

유쾌한
인연

미국 여성 스테피언은 아버지 대신 아버지의 '심장'과 함께 결혼식장에 입장했다 (2016. 8. 11. 조선일보).

납량특집 이야기가 아니다. 스테이언의 가족은 퇴근길 강도를 당한 아버지가 뇌사에 빠지자 심장을 기증하기로 결단을 내렸다. 그 후 이식자(수혜자) 측과 편지를 주고받으며 각종 기념일을 서로 챙기는 사이가 되었다. 10년 후 그녀는 결혼을 하게 되었고, 아버지가 더욱 그리워졌다. 생각 끝에 그녀는 아버지의 심장을 이식 받은 그에게 결혼식장에 함께 입장해달라는 편지를 썼다. 별세한 아버지와 비슷한 나이였던 이식자는 흔쾌히 승낙했고, 마침내 식장에 함께 입장했다. 그녀는 남자의 왼쪽 가슴에 살며시 손을 올렸다. 그리고는 '아버지와 결혼식장에 함께하고 싶었던 꿈을 이뤘다'며 행복해했다.

다른 장기와 달리 심장은 글자 그대로 마음이 들어있는 장기라고 여겨진다. 스테피언의 아버지가 기증한 것이 콩팥도 간도 아닌 심장이었다는 것, 그리고 이식을 받은 이가 여성이 아닌 남성이었다는 것은 우연이었겠지만 어쨌거나 결과적으로는 매우 다행한 일이었다. 어쩌면 딸의 미래를 염려한 마음 때문은 아니었을까.

고인의 장기를 기증하는 유가족에 대해 부정적인 시선으로 바라보거나 '사람을 두 번 죽이는'일이라는 시선도 있는 것이 사실이다. 그럼에도 결단을 내리는 것은 고인의 죽음을 의미 있게 만들고자 하는 것이거나, 고인을 이대로 떠나보내기 싫은 마음의 표현일지 모른다. 스테피언처럼 세상을 떠나는 소중한 이가 다른 사람을 통해 여전히 살고 있다는 것은 사무치는 그리움을 달래고 위로도 될 것이다. 스테피언과 남자는 결혼식을 계기로 가족과 다름없는 사이가 되었을지 모른다. 그렇다면 고인도 저승에서나마 한결 마음이 놓이지 않았을까. 그뿐 아니다. 기증자 측과 이식자 측은 고인을 통해 새로운 관계도 맺어 나갈 수 있을 터이다.

영화나 소설에서는 장례식장에 낯선 이들이 찾아오는 경우가 종종 있다. 고인의 자녀라면서 또는 사실혼 관계였다면서 마지막 길 만큼은 배웅하겠다면서 말이다. 현실에서도 종종 있는 일이다. 유언장과 관련하여 '친생자 관계 확인'이라는 법적 조항이 있는 것을 보아도 알 수 있다.

요즘처럼 가족 관계가 복잡해지는 시대에는 고인이 떠난 후 생면부지 사람들과도 가족이 되어야 하는 당혹스런 경우가 적지 않다. 이것을 '삶'이 만들어 낸 반갑잖은 인연이라면, 장기 기증의 경우에는 '죽음'이 만들어 준 인연이라 할 수 있다. 때로는 삶이 만든 인연보다 죽음이 만든 인연이 유쾌할 때도 있는 것 같다

세상에 남길 한마디,
묘비명

정치인 김종필 옹이 영면에 들자 그가 생전에 지었다는 묘비명이 회자가 되고 있다(2018. 6. 23. 네이버뉴스). 몇 년 전 부인상을 당했을 때 일부 공개되었던 그의 묘비명에는 자신 역시 영세 반려 아내 곁에 묻히겠다는 문구가 있었다. 영광스러운 국립묘지를 마다하고 아내 곁에 묻히고 싶다는 말에서 정치 거목이기 전에 한 남편으로서의 면모를 느낄 수 있었다.

김종필 옹은 생전에 한 매체와의 인터뷰에서 이런 말을 하였다.

"세상에 죽음만큼 확실한 것은 없는데도 사람들은 겨우살이는 준비하면서 죽음은 준비하지 않는다."

이제 그가 눈을 감자 그의 묘비명 전문이 공개되었는데, 그 내용도 내용이지만 해박한 한문 실력도 놀랍다.

「思無邪」를 人生의 道理로 삼고 한평생 어기지 않았으며「無恒産而無恒心」을 治國의 根本으로 삼아 國利民福과 國泰民安을 具現하기 위하여 獻身盡力하였거늘 晩年에 이르러「年九十而知八十九非」라고 嘆하며 數多한 물음에는「笑而不答」하던 者, 內助의 德을 베풀어준 永世伴侶와 함께 이곳에 누웠노라.

92세라는 장수는 물론 명예와 권력을 모두 누렸으니 그의 생은 누구 부럽지 않은 삶이었을 것이다. 자만할 만도 했겠지만 90에 이르고 보니 89세까지도 잘못 살았다는 고백이다. 죽음 앞에서 삶을 바라보니 명예나 부도 대단한 것이 아니었다는 뜻일 터이다.

옛날 조상들 중에도 묘비명을 미리 지어둔 이들이 많았다. 조선 중기의 문신 상진은 "시골구석에서 일어나 세 번 재상의 관부에 들었고 늘그막엔 거문고를 배워 <감군은>한 곡조를 늘 타다가 천수를 마쳤노라."라고 썼다. 중종 때 학자인 이홍준은 "살아서는 벼슬 없고 죽어서는 이름 없으니 혼일 뿐, 근심과 즐거움 다하고 모욕과 칭송도 없어지고 남은 것은 흙뿐이다."라고 썼다. 조선 후기 문신인 이만수는 "삶이 있으면 반드시 죽음이 있으니 모두 하나의 개밋둑에 불과할 뿐이다. 나는 지금 이후로 나의 참됨으로 돌아갔으니 천년만년이 지나더라도 공고하고도 조용하리로다."라는 비명을 남겼다. ≪리더스 다이제스트≫를 창간한 드윗 윌리스의 묘비명은 '마지막 요약(digest)'이었다.

현대에 이르러 무덤 옆 묘비에는 비문보다는 묘지 주인의 인적사항 정도를 알려주는 것에 머물러왔다. 하지만 근래 들어 의미 있는 묘비명들이 늘어나고 있다. 봉안당이나 자연장지에도 표지석에 쓰인 비문을 보게 되는데 고인을 그리워하고 사랑하는 내용들이다. 대부분 가족이 쓴 문구이다. '사랑합니다. 편히 쉬세요' '헌신과 사랑을 기억할게요' '늘 그립습니다' 등등. 그러나 옛날 선조들처럼, 김종필 옹처럼 자신이 직접 써두는 것도 좋을 것 같다. 떠나는 이가 남기는 말은 남아있는 이들에게 오래도록 위로와 힘이 될 테니 말이다.

내 인생의
노래

미국의 존 매케인 전 상원의원의 장례식이 CNN 방송을 통해 생중계되었다.

그의 장례식은 시작부터 끝까지 감동을 주었는데, 음악은 더욱 그랬다. 성조기가 덮인 관 옆으로 연주자 다섯 명이 앉았다. 성당인 듯 장내는 숙연하다. 연주자들의 반주에 맞춰 유명 가수 르네 플레밍의 노래가 울려 퍼졌다. 아일랜드 민요 <대니 보이>였다. 많이 들어본 노래였지만 그것들과는 확연히 느낌이 달랐다. 슬픔과 그리움이 절절히 묻어났다. 노벨상 시상식에서부터 올림픽에 이르기까지 수많은 행사에서 노래를 불렀다지만, 그녀도 이날 노래는 각별했을 것이다. 그녀의 노래는 음악이 어떻게 사람을 위로할 수 있는지 보여주고 있었다 (2018. 9. 2. 네이버뉴스).

매케인은 평소 집에서 종종 <대니 보이>를 들었다고 한다. 친구이자 동료인 릭 데이비스와 함께 집에 있던 자리에서 그는 자신의 장례식 때도 이 노래를 불러주었으면 좋겠다고 말했다. 여느 사람들 같으면 '왜 그런 말을 하느냐'고 반문했겠지만 릭은 진지하게 듣는 것은 물론 한술 더 떠 르네 플레밍을 추천했다는 것이다. 매케인은 물론 동의했다.

장례식에 노래라니, 우리에게는 이상해 보이지만 사실 그리 낯선 것만도 아니다. 특히 기독교에서는 장례식에서 노래(찬송가)를 많이 부르지 않는가. 덕분에 요단강은 신자가 아닌 일반인들에게도 저세상의 아이콘으로 잘 알려져 있다.

외국에서는 매케인의 경우처럼 장례식에서 노래를 부르거나 들려주는 경우가 자주 있다. 엘튼 존의 노래 <Candle in the Wind>는 영국 다이애나비의 장례식에서 불린 후 무려 3천 3백만 장이 팔려 기네스북에까지 올랐다. 그 외에 영국에서는 위트니 휴스턴의 <I Will Always Love You>였고, 미국인들에게는 폴리스의 <Every Breath You Take>와 영화 <타이타닉>의 OST인 <My Heart Will Go On>이었다.

영화배우 최은희 님의 장례식에서도 노래가 나왔다. 김도향의 <바보처럼 살았군요>였다. 고인은 평생 바보처럼 살아온 자신의 삶을 잘 대변해준다는 이유로 생전에도 이 노래를 좋아했다고 한다. 그러면서 장례식에서도 틀어달라고 했다는 것이다. 우리들 일반 대중이야 '대스타로서의 삶이 결코 그렇지 않았다'고 진심어린 감사와 위로를 전하고 싶지만 말이다.

죽음의 관점에서 삶을 바라보는 웰다잉 프로그램에서는 자신의 장례식에 대해서도 생각해보는 시간이 있다. 요즘 유언장에는 장례식 희망곡을 기입하는 난이 따로 있을 정도이다. 장례식 노래는 단지 행사에서만 쓰는 1회용은 아닐 터이다. 노래나 음악은 시간을 초월하여 언제 어디로든 추억하고 싶은 순간으로 데려다준다. 매케인의 장례식에 직접 참석한 사람은 물론 TV를 통해 본 사람들, 그리고 최은희 님의 장례식에 참여했던 이들은 그 노래를 들을 때마다 고인을 추억하게 될 것이다. 나는 프랭크 시나트라의 <My Way>를 택하고 싶다. 매케인이나 최은희 같은 유명 인사도 아닌 그저 평범한 소시민으로 살았을 뿐이지만 그럼에도 나만의 삶을 나의 방식으로 살아냈기 때문이다. 장례식이 끝난 후 그 노래를 들을 때 나를 추억해준다면 더욱 고맙겠다.

영정사진을
벌써

영정사진을 찍는 2~30대가 늘고 있다고 한다(2018. 6. 21. TV조선). 페이스북에는 '갑자기 찾아온 죽음에 대비해 가장 생기있는 모습을 남기세요'라는 홍보 문구가 인기를 끌고 있다. 젊은 영정사진을 전문적으로 찍는 사진관도 생겨났다. 이는 젊은 층의 호기심과 사진관의 마케팅이 맞아떨어진 면도 있다.

이들은 사진을 찍는 이유로, 죽음을 떠올리면 당장 눈앞에 놓인 학업과 취업, 인간관계 스트레스가 줄어든다고 했다. 사진을 찍으면서, 남들 눈 의식하지 않고 자신을 위한 삶을 살겠다고 결심했다는 이도 있다. 그만큼 청춘들의 삶이 힘들고 팍팍한 것일 터이다.

같은 사진 다른 느낌이라고나 할까. 젊은이와 나이 든 사람들은 사진 찍는 이유도 다른 것 같다. 나이 든 사람들이 장차 찾아올 조문객들에게 멋있고 아름다운 자신의 마지막 모습을 남기고자 하는 것이라면, 젊은이들은 현실의 어려움을 잠시나마 잊거나 삶의 자세를 가다듬는 이유가 크다고 할 수 있다. 나이 든 사람들이 남들에게 보여주기 위해 찍는 것이라면 젊은이들은 자신을 위해 찍는 셈이다.

며칠 전에 참석한 '데스카페'의 주제는 <젊은 날의 초상>이었다. 영국에서 유래한 이 데스카페는 예전에 유행했던 '일일찻집'과 형태가 비슷하다. 죽음에 대한 이야기를 하는 것이 다를 뿐이다.

'오늘은 내 생애 가장 젊은 날'이라는 표어가 시사하듯 젊은 날의 초상을 찍기로 예고가 되어 있었다. 남은 인생 가장 젊은 사진이지만 어쩌면 마지막이 될지도 모르는 사진이다. 사람들은 한 명씩 홀 한쪽 조명등 아래 의자에 앉았다. 그리고는 미리 준비한 보드판에 자신이 직접 적은 묘비명을 들었다. 보드판에는 '감사하다'는 인사부터 '윤회의 고리를 끊겠다'는 묵직한 다짐까지 개성 만점의 문구가 적혀 있었다.

몇 년 전만 하더라도 영정사진은 근엄하고 심각한 표정이 대부분이었다. 그런데 미처 준비하지 못하고 일을 당하면 낭패

이기 마련이다.

10년 전 나의 어머니가 별세했을 때도 당장 사진이 문제였다. 투병하는 환자에게 차마 영정사진 얘기를 할 수는 없었는데 막상 돌아가시고 나니 몇 안 되는 스냅사진들 뿐이었다. 할 수 없이 주민등록증 사진을 확대했다. 비용이 많이 든 것은 물론이다.

그런데 최근에는 분위기가 완전히 바뀌었다. 텔레비전을 통해 접하는 유명 인사들의 영정사진은 하나같이 밝게 웃는 표정이다. 자살로 삶을 마감한 경우에도 마찬가지이다. 우리 주변의 모습도 달라졌다. 빈소에 들어서서 웃는 사진을 보면 생전에 고인과 일면식도 없었을지라도 조문객인 나를 반가워한다는 기분이 들곤 한다.

그 옛날 공자님은 '멀리서 친구가 오면 반갑지 않느냐(有朋自遠方來 不亦樂乎)'고 말씀하셨다. 살아 있는 동안 친구가 찾아와도 반가운데 하물며 죽은 후 마지막을 보기 위해 찾아오니 몇 배 더 반갑지 않을까.

영정사진의 메카는 일본이라 할 수 있다. 지진이 많은 일본은 죽음을 미리 준비하는 분위기가 우리보다 강하다. 죽음을 준비하는 일련의 활동을 '슈카츠(終活)'라고 부르는데 영정사진은 슈카츠의 첫 번째 활동이다.

중년을 비롯해 나이 든 사람들은 자신이 기억되고 싶은 멋진 모습으로 단장하고 사진을 찍는다. 표정과 포즈도 다양하다. 늘 가까이했던 기타를 치는 모습, 결국 끊지 못했던 담배를 피는 모습, 심지어는 술병을 든 모습 등 영정사진이라고는 믿기지 않는 사진도 많았다. 사진의 주인공들은 이구동성으로, 가족과 친구들에게 따뜻함을 주었던 좋은 모습으로 기억되고 싶다고 했다. 일본 사람들은 사진을 찍는 것은 물론 매년 새로운 사진으로 업데이트를 한다. 스마트폰이 생긴 덕에 사진을 찍기란 누워서 떡 먹기가 되었다.

별 것 아닌 일도 인증샷을 남기는 요즘 세상에, 가장 나다운 사진을 찍어 남겨 놓는 건 어떨까? 내 생애 가장 젊은 바로 오늘 말이다.

숙면을
취하고 싶다면

예로부터 죽은 사람의 관 뚜껑을 열어젖히는 일은 종종 있었다. 동양이나 서양이나 관을 여는 것은 중죄인에게 가하는 형벌로, 관을 쪼개고 송장의 목을 베어 길가에 걸어 두었던 것이다(剖棺斬屍). 그러니 뚜껑을 여는 이들은 정적(政敵)이거나 원수지간이었겠지만 최근에는 딸(?)에 의한 경우도 생겨났다. 관 뚜껑보다 망자의 머리 뚜껑이 먼저 열릴 일인데 망자의 딸이라고 주장하는 여자의 사연은 이렇다.

여자는 자신이 미혼의 어머니와 유부남 화가 사이에서 태어났다고 했다. 어머니가 아버지와 결혼한 후에 자신을 낳긴 했지만 이미 혼전에 임신한 상태였으니 자신은 아버지가 아닌 화가의 딸이 맞다는 것이다. 그런데 문제는 자신의 생물학적 아버지가 평범한 유부남, 보통의 화가가 아닌, 그 유명한 화가 달리

(Salvador Dali.1904-1989)라는 점이었다(2017. 7. 22. 연합뉴스). 하지만 달리는 생전에 자신이 성적(性的)으로 불능이며 자식이 없다는 이야기를 여러 번 했다고 한다. 그러니 아무리 달리가 이 세상 사람이 아니라 하더라도 여자의 소송에 그의 명예가 달려있다. 우리 법에도 '사자명예훼손죄'라는 것이 있질 않은가. 게다가 이미 고인이 된 여자의 부모님 또한 위험하다. 여자가 승소한다면 그녀를 제외한 모두가 심각한 타격을 받을 게 틀림없다. 뒤늦게 성적 능력은 인정받는다 치더라도 혼외 자식을 낳았다는 달리의 불명예, 임신을 하고도 다른 남자와 결혼한 어머니의 부도덕, 그리고 그런 여자를 아내로 맞은 아버지의 자존심 등 여러 사항이 걸려있는 셈이다. 그러니 영원한 숙면을 하기에 최적이라는 저세상에서도 망자들이 가만 누워 있을 수는 없을 것 같다.

자식이 없는 탓에 스페인 정부로 넘어간 달리의 유산이 무려 3천 5백억 원 상당이라니, 여자가 애써 소송을 감행한 이유는 아마도 생물학적 아버지의 막대한 유산 때문일 것이다. 하지만 공식적으로는 '정의 구현', '어머니의 기억을 존중', '알 권리' 등을 이야기하면서 폭넓은 오지랖의 자세를 보여 주었다. 시신이 남아 있으니 여자로서는 다행한 일이다. 달리가 세상을 뜬지는 생각보다 짧아 30년 남짓 되었는데 손톱과 뼈는 물론 피부에서도 DNA를 채취했다니 피부 흔적이 아직도 남아 있는 모양이다. 하지만 망자의 입장에서는 무덤에서 불려 나온 것도 귀찮은 일인데 DNA를 채취한다며 법석을 떨어댔으니 얼마나 짜증이 났을까.

시신을 모시는 데 있어 요즘은 매장보다 화장을 선호하는데 특히 근래 들어 봉안당에서 잔디장, 화초장, 수목장, 바다장 등 이른바 '자연장'으로 바뀌고 있다. 달리도 그런 방식을 택했더라면 이런 귀찮은 일을 겪지 않아도 되었을 것이다. 여자로서는 아쉽기 짝이 없었겠지만 말이다.

유전자 검사 결과 여자는 자신의 주장과는 달리, 달리와 아무런 관련이 없는 것으로 판명되었다. 하마터면 달리는 물론 여러 망자들이 세상 사람들의 입방아에 오르내려 이리저리 끌려다닐 뻔했다. 다행히 그런 일은 없게 되었지만, 이 사건은 훗날 영원한 '숙면'을 염원하는 우리들에게 다음과 같은 교훈을 남겨 주었다.

첫째, 남길 유산이 없음을 감사하게 생각하자.

둘째, 혼외 자식 비슷한 것도 절대 만들어선 안 된다.

셋째, 미리미리 장례 방식도 생각해 둘 일이다.

부시의
장례식

신문 속의 사진에는 클린턴, 오바마 그리고 트럼프에 이르기까지 미국의 전·현직 대통령들이 부인을 대동하고 한자리에 모여 있다.

　모두 정장을 한 것으로 보아 격식 있는 자리인 듯한데 하나같이 폭소를 터뜨리고 있다. 뜻밖에도 조지 부시 전 대통령의 장례식장이란다. 세상에서 가장 점잖을 사람들이 장례식에서 이토록 웃어대다니 의아한 일이다. 이날의 폭소는 주인공인 부시의 성품과 관련이 깊었던 듯싶다. 생전에 고인은 유머에 능했던 것은 물론, 다른 사람의 장례식마다 독특한 무늬의 양말을 신고 다녔다. 양말을 드레스코드 삼아 애도하는 마음을 유머 있게 표하곤 했다. 고인뿐 아니라 미국인들은 장례식에서도 이렇듯 유머를 즐긴다.

'의례(儀禮)'란 사회적 합의에 따라 상징적 의미와 효력을 가지는 것으로, 사회의 구성원이면 누구나 따라야 할 공통적인 코드이다. 그러니 특정 상황에서는 특정 행위만을 해야 하고 그것을 벗어나면 이상한 사람으로 취급을 받는다. 이를테면 미인 대회에서 1등은 울어도 되지만 2등은 울어서는 안 된다. 심정적으로는 완전히 그 반대일 터인데도 말이다.

이렇듯 의례는 때로 진실과는 반대의 행동을 강제하기도 하는데 장례식 의례야 말할 나위가 없다. 그럴 일은 거의 없겠지만, 설령 고인의 죽음이 기쁜 일이라 해도 절대 기뻐하거나 웃어서는 안 된다. 미국인들이 장례식에서 유머와 웃음을 보이는 것은 우리의 문화 코드나 의례와는 분명한 차이를 보인다.

부시의 장례식은 상주와 조문객들이 펼치는 유머의 향연이었다. 엄숙하고 슬픈 이야기보다는 고인이 생전에 했던 농담이나 실수담을 소개했다. 평생 친구였던 앨런 심슨 전 상원의원은 조사(弔辭)에서 이렇게 그를 회고했다.

"고인은 농담을 즐겼는데, 치명적 결점은 농담의 핵심 구절을 항상 까먹는다는 것이었다. … 그의 묘비명은 Loyalty(충성)의 'L' 한 글자면 된다. 그의 핏속엔 나라와 가족, 친구, 정부에 대한 충성심이 항상 흘렀다."

또 부시도 생전에 언론의 비난에 시달렸다면서 "겸손함으로 올바른 길을 가는 사람은 워싱턴 DC의 교통체증(많은 비난)을 신경 쓰지 않는다."라고 했다. 이때 조문객들은 일제히 폭소를 터뜨렸다. 아들 부시는 "아버지는 병석에서도 보드카를 몰래 마시곤 했다."라면서 사람들을 미소 짓게 하였다. 대통령뿐 아니다. 미국의 어느 작가는 지지리 고집불통인 남편이 별세하자 "이제 그는 훨씬 나은 경청자가 되었다."라고 조사에서 말했다. 제니스 메싯이라는 코미디언은 어떻게 남편을 잃었느냐(lost)는 질문에 "길을 잃은 게 아니다(not lost). 방향 감각이 뛰어난 사람인데 죽은 거다."라고 답변했다. 무슨 말을 어떻게 해야 할지 고심하고 긴장했던 주변 사람들은 그 순간 여유가 생겨났을 것이다.

'유머'라는 단어는 기원전 5세기 히포크라테스(Hippocrates, BC 460~370)에서 유래했다. 그는 인간의 체질과 기질이 4가지 체액(humor)인 피, 황담즙, 흑담즙, 점액의 배합으로 정해진다고 주장했는데, 뜻밖에도 이 체액을 의미하는 단어가 '유머'였다. 사람의 몸에는 누구나 4가지 체액이 있다고 믿었다니 유머도 몸 안에 내장되어 있다는 뜻이었을까? 세월이 흐르면서 '유머'는 체액에서 '웃음을 인식하고 표현하는 능력'이라는 의미로 바뀌었다. 누구나 가지고 있었던 기질이 이제 능력으로 여겨지는 것은, 현대인들의 생각이나 말이 그만큼 경직되어 있다는 방증(傍證)인지도 모른다.

유머는 문제를 가볍게 보거나 축소 시키는 것이 아니라, 고통에서 긍정적인 면을 찾아내 희망을 주고자 한다는 점에서, 특히 장례식에서의 유머는 그 의미가 크다.

국내 인터넷 취업포탈 '커리어'가 직장인들을 대상으로 한 설문 조사에서 '장례식이 꼭 슬픈 분위기일 필요는 없다'라는 답변이 44.9%나 되었다. 이러한 추세로 보건대, 조만간 우리의 장례식에서도 웃음과 유머가 등장할 것 같다. 혹시라도 남편을 먼저 보내게 된다면 나는 이렇게 말할 수 있기를 소망한다.

"이제야 비로소 그 지겨운 김치찌개를 끓이지 않을 수 있게 되었다."

장례식
드레스코드

아버지 부시 전 대통령의 옷차림이 화제가 되었다. 아내 바바라의 장례식에 튀는 양말을 신고 등장했다는 것이다(2018. 4. 30. 중앙일보). 어두운 회색 계열의 양복바지 끝단 아래로 드러난 양말에는 빨강, 파랑, 노랑 등 알록달록한 책들이 포개진 그림이 인쇄되어 있었다.

이전부터도 그는 독특한 양말 코디로 유명했다. 스스로를 '양말맨(socks man)'이라 불렀다. 양말맨답게 아들 부시 관련 행사에서는 분홍색 양말을 신었고, 축구팀 관계자를 만날 때는 성조기가 그려진 양말을 신었으며. 자신의 생일날에는 슈퍼맨 로고가 찍힌 양말을 신었다.

바바라의 장례식 때 신은 양말의 책 무늬는 아내 바바라가 생전에 문맹 퇴치 활동에 열정적이었던 것을 나타낸 것이었다.

그날의 드레스코드는 사랑하는 아내의 삶을 기리기 위한 것이었던 셈이다.

'드자~이너' 앙드레 김의 장례식장에서는 탤런트 김희선의 복장이 구설에 올랐다. 그녀가 목에 길게 늘어뜨린 스카프가 문제였다. 스카프에 크고 작은 해골 그림들이 인쇄되어 있었다. 엄숙하고 경건한 장례식에 맞지 않는 경박한 차림이라며 비난이 쏟아졌다. 이에 대해 그녀는, 자신과 친분이 두터웠던 고인이 생전에 직접 디자인해 선물로 주었던 것이라고 항변하였다. 그녀로서는 고인을 기억하고 기리기 위한 최선의 선택이었던 것이다. 해골 그림이 경박하다고? 해골이야말로 장례와 죽음을 가장 잘 나타내는 상징이 아닌가! 경박하다는 이유를 들이대긴 했지만 사실은 당혹감과 불편함 때문이 아니었을까. 장례식에서조차 죽음을 떠올리는 것이 우리의 마음 깊은 곳에서부터 저항을 일으켰던 것이리라.

어느덧 세월은 흘러 요즘엔 해골 그림을 심심찮게 보게 된다. 휴대폰 케이스나 양초 같은 작은 소품은 물론, 티셔츠 가슴팍에 떡하니 그려져 있기도 하다. 해골의 표정도 애교스럽게 변했다.

부시의 양말과 김희선의 스카프는 장례식장의 드레스코드였던 셈이다. 원래 드레스코드란, 주빈이 파티의 분위기를 위해 참가자들에게 미리 요청하는 것인데 이들의 드레스코드는 주빈의 요청이 없이 참가자가 알아서 연출했다는 게 다를 뿐이다. 드레스코드는 그날 파티의 분위기를 업시키는 효과는 물론, 참여한 이들에게 소속감을 느끼게 해준다는 이점도 있다. 양말과 스카프라는 작은 패션을 완성하면서 그들은 고인과의 각별한 친밀함과 소속감을 다졌을 것임에 틀림없다.

온갖 시시콜콜한, 하지만 누구에게도 물어보기 곤란한 질문들이 올라오는 SNS에는 장례식장 의상에 관한 사항도 적지 않다. 장례식장에 갈 때는 어떻게 옷을 입어야 하는지 묻는 질문이 많다. 하긴 매일 입는 평상복도 잘 입기가 어려우니, 어쩌다 입는 장례식 의상은 말할 나위도 없겠다. 질문에 대해 가장 명쾌한 대답은 '패션을 포기하라'는 것이다. 패션을 포기하는 것이 곧 장례식장의 패션이라니 최대한 보수적인 것이 곧 예의라고 여겨지는 듯하다. 그러나 이제 대답은 달라져야 할 것 같다. 고인을 잘 드러내는 것, 고인을 기억하고 기념할 수 있는 것이 최고의 드레스코드가 아닐까.

15년 만의
장례식

미국 뉴욕 브루클린 소방서의 베테랑 소방관 로런스 스택(당시 58세)은 2001년 9·11 테러 때 구조 작업을 하다 건물 붕괴로 빠져나오지 못했다. 작업용 외투는 현장에서 발견이 되었지만 정작 신체는 찾지 못했는데, 이는 스택뿐만이 아니다. 얼마나 처참했는지, 수습된 시신들의 35%가 훼손이 심해 아직도 신원이 확인되지 못한 채 보관돼 있다고 한다.

시신이 없이는 장례를 치를 수 없다는 그 지역 가톨릭 교리에 따라 무려 15년이라는 긴 세월 동안 스택의 유가족은 신원확인 통지만을 애타게 기다려 왔는데 최근에야 연락을 받게 되었다. 신체는 끝내 찾지 못했지만 몸으로 인정될 수 있는 '흔적'을 찾아냈다는 것이다. 생전에 스택은 암 환자였던 동네 소년에게 골수를 기증하겠다는 뜻으로 헌혈을 했는데, 그 혈액 표본이 어느 혈액 보관소에 있다는 것이었다. 마침내 표본 2개는 장례에 필요한 시신의 일부로 인정되어 유족에게 전달되었다. 극적으로 열린 장례식에는 많은 이들이 모여 15년 만에 떠나는 영웅의 최후를 기렸다(2016. 6. 19. 매일경제).

브루클린 지역에서 장례에 필요한 '흔적'이란 무엇을 의미하는지 나로서는 알지 못한다. 그러나 정말로 흔적이 없이는 장례를 치르지 못한다면 이것은 시대에 맞지 않을 듯싶다. 재해나 사고로 시신조차 찾을 수 없는 경우가 많기 때문이다. 그러니 실종의 경우 5년(일반), 1년(선박 및 항공사고)으로 일정 기간이 지나면 사망 선고가 가능하다. 하지만 시신을 확인하지 못한 상태에서는 아무리 세월이 지나도 사랑하는 이의 죽음을 인정하기가 어려울 것이다.

미국과 우리나라는 법률도 다르고 관습도 다르다. 스택의 경우에는 사망이 확실한데도 장례를 치르지 못했으니 얼마나 애가 탔을까. 장례식은 고인을 잘 보낸다는 의미뿐 아니라 남은 이들에게도 고인의 부재를 확인하는 통과의례로서의 의미도 크다. 그러한 절차를 통해 남은 이들은 고인이 없는 일상에서 새로운 질서를 다시 짜게 되고 이전과는 다른 자리에 고인을 편입시키며 살아가게 된다.

종교적 교리나 법을 탓하기 전에 스택이 했던 일을 생각해 본다. 생전에 했던 골수 기증 결심과 헌혈은 그로서는 죽음과 전혀 무관한 일상이었을 것이다. 그저 자신이 가진 것을 다른 이와 나누고파 하는 단순한 바람이었을 것이다. 하지만 그런 결심을 하지 않았다면 '흔적'을 남기지 못했을 것이고 아직도 장례를 치르지 못했을지 모른다. 끝내 골수 기증을 못하고 떠나간 것은 안타까운 일이지만 그의 선한 뜻은 자기 자신을 위한 결과로 되돌아왔다. 자신은 물론 가족들까지 살린 셈이 되었다. 가족들은 이제 비로소 온전하게 고인을 떠나보낼 수 있게 되었으니까.

SAVE
9

후배 M은 17세 어린 아들을 어이없게 떠나보냈다. 의료사고가 의심되는 억울한 상황에서도 아들이 뇌사 상태에 빠지자 결단을 내렸고 6명에게 장기를 나누어 주었다. 원통한 죽음을 아들이 여전히 살아 있다는 의미로 바꾼 만큼 편안히 보내 주고 싶다고 했다. 이후에도 그는 자신이 삶을 지탱하는 이유에 대해 '아들이 여러 사람들에게 생명을 나눠 주고 갔기 때문'이라고 말하곤 했다.

매년 9월 9일은 장기 기증의 날이다. 뇌사자 한 사람이 9명을 살린다는 의미로 'SAVE 9'이라 불리는데 심장, 간장, 신장 2개, 췌장, 각막 2개 등 총 9개이다.

의술이 발달했으니 이식은 얼마든지 가능하다. 하지만 기증자 수가 턱없이 부족하다. 지금도 2만 명 이상이 대기 중인데 (2017년 말 기준 24,611명) 비해 뇌사자 기증은 573명에 불과하다. 기증 건수가 적다 보니 평균 대기 기간이 무려 1,185일이나 된다. 시급을 다투는 환자로서는 하루 이틀도 긴 시간인데 그렇게 긴 날들을 기약 없이 기다려야 하는 초조함은 말로 할 수 없을 것이다. 기다리다 못해 멀리 중국까지 가는 이들도 종종 있는데 그곳 사형수들의 장기를 이식 받기 위해서이다. 중국은 사형수 장기 적출이 최근까지도 용인되어 왔다. 그러나 브로커들에게 돈만 떼이고 마음의 병까지 깊어져 멀리 타국에서 사망하는 경우가 상당수이다.

기증을 애타게 기다리다가 하루 평균 3.2명이 끝내 사망한다 (2017년 말, 질병관리본부). 기증 건수가 적은 것은 아직도 남아 있는 유교 문화적 가르침과 제도적 영향 때문이다. 부모에게서 받은 몸을 잘 보존해야 한다는 것이니 몸에 칼을 대는 것을 터부시하는 인식이 남아 있다. 이런 생각이라면 칼을 대는 다른 수술도 받지 않아야 할 것이다. 또 본인이 희망했더라도 막상 그런 상황에 처하게 되면 가족이 반대하는 경우가 많다. 거기에는 사람을 두 번 죽인다는 미안함도 있을 테고, 어쩌면 회복될지도 모른다는 기적의 희망도 큰 이유일 것이다.

그러나 자력 호흡이 가능한 식물인간 상태와 달리 뇌사는 자력 호흡이 불가하여 절대 회복될 수가 없다. 뇌가 이미 죽은 상태에서 억지로 심장만을 뛰게 하는 것은 어쩌면 환자 본인보다 주변 사람들을 위한 것인지 모른다.

관련 제도를 살펴보면 스페인 등 장기 기증이 활발한 나라에서는 기증을 기본값(Default)으로 하고, 원하지 않을 경우 거부 의사를 표시하게끔 하는 'opt-out' 방식을 채택하고 있다. 그러나 우리나라의 경우, 원할 경우에 의사를 표명하는 'opt-in' 방식을 택하고 있다. 2017년 우리나라 뇌사자 장기 기증이 인구 100만 명당 11.3명인데 비해 스페인이 39.7명인 것을 보면 이러한 차이를 알 수 있다. 우리나라 사람들이 이기적이거나 무감각해서라고 볼 수는 없다는 이야기이다.

문화심리학자들에 의하면 인간은 누구나 영원히 살고자 하는 불멸 의지가 있다.

어떻게든 노화를 막으려 하고 심지어는 냉동인간을 꿈꾸기도 하는 것은 '실제적' 불멸 의지이다. 그에 비해 예술작품을 통해 혼을 남기거나 후손을 통해 유전자를 남기는 것, 더 나아가 잊히지 않고 기억되기를 바라는 것 등은 '상징적' 불멸 의지라고 할 수 있다.

그렇다면 떠난 후에도 다른 사람을 통해 계속 살아간다는 것은 이 두 가지를 모두 충족하는 셈이다.

언젠가는 꼭 하려고 했지만 미처 좋은 일, 착한 일 한번 제대로 하지 못하고 가게 되어 미안하고 후회스럽다는 고백을 듣곤 한다. 하지만 몸이 있는 한 아직 기회는 남아 있는 셈이다. 나는 가더라도 내 몸의 일부가 또 다른 생명 안에서 여전히 살고 있다면 떠나간 이에게도 남은 이에게도 말 없는 위로가 되지 않을까.

메아리 씨에게
—움베르또 에코를 추모하며

처음엔 음향업(Echo) 가문 출신인 줄 알았다. 대장장이(Smith), 요리사(Cook), 제빵사(Baker)처럼 말이다. 아니면 산에 사는 '메아리'이거나.

천기를 헤아리고 지리를 꿰뚫어 세상만사 온갖 지식에 정통하지만 정작 음향과는 무관했던 우리 시대 최고의 석학이 저세상으로 떠나갔다 (2016. 2. 19. 네이버뉴스). 소설가이며 기호학자이자 여러 외국어에도 능통했던 움베르토 에코(Umberto Eco, 1932~2016)는 레오나르도 다빈치 이래 가장 뛰어난 르네상스적 인물로 불린다.

메아리 씨를 알게 된 것은 제목부터 알쏭달쏭한 소설 ≪장미의 이름≫ 덕분이었다.

중세 이탈리아 수도원에서 벌어지는 연쇄 살인사건을 다룬 이 소설은 당시 교황과 황제 간, 교황과 수도회 간의 논쟁과 갈등이라는 서사를 엄청난 지식과 방대한 정보를 통해 전개해 나간다. 그래서일까, 내게는 소설의 내용보다도 그 제목이 훨씬 더 관심 있게 다가왔다. 왜 장미'라는'이 아니고 장미'의'일까? '장미'라는 단어 자체가 이미 어떤 꽃의 이름이 아니던가 말이다.

하지만 곰곰 생각해보니 '장미'라고 불렀다간 세상의 모든 장미들이 화를 낼 게 분명하다. 나 역시 '박재연'이란 어엿한 이름이 있는데도 그저 어떤 '아줌마'로 불릴 때면 기분이 좋지 않다. 그러니 장미들 역시 그들의 세상에서는 저마다 고유한 이름이 있지 않겠는가. 그렇다면 '장미의 이름'은 세상에 있는 모든 장미들에게 각자의 존재감을 확인시켜주는 일일 터이다. 혹 이것이 잘못된 해석이라면 기꺼이 이 공(功)을 번역자에게 돌리고 싶다.

소설의 주인공 윌리엄은 이미지가 너무도 강렬해 우리들의 머릿속에 깊이 각인되어 있지만, 사실 그는 우연히 태어난 존재였다. 친구의 습작을 읽는 중에 불현듯 에코의 머릿속에 수도사의 이미지가 떠올랐다는 것이다.

메아리 씨는 철학자로도 활동하면서 삶의 지혜에 대해서 가르쳐 주었다. 특히 ≪세상의 바보들에게 웃으면서 화내는 방법≫이란 걸작에서는 분노조절장애가 올 때는 반드시 웃어야 한다는 원칙을 역설하였다.

그의 가르침에 힘입어서 나는 국토교통부의 수도권 광역버스 입석 금지제에 대해 <좌석버스에서 안전벨트 매는 방법>이라는 글로 웃어 준 적이 있다. 제도의 취지가 자동차 전용도로를 달리는 버스에서는 모든 승객이 안전벨트를 매야 한다는 이유였는데, 이에 대해 두 가지 근본적인 방안을 제시한 것이다. 즉, 버스 손잡이를 모조리 떼어내고 그 자리에 안전벨트를 매달거나, 버스 통로에 안전벨트가 달린 말뚝을 촘촘히 박아 넣는 것이다.

또한 법무부에는 <우리의 사법부를 존경하는 방법>이라는 글로 웃어 주었다. '느림의 미학'을 구현하려는 법원의 업무 처리 방식을 통해 '세월은 결코 좀먹지 않는다'라는 것을 배울 수 있으며, 호출로 인한 잦은 방문으로 이제 법원도 내 집처럼 편하게 느껴진다는 것, 그리하여 남편과 싸운 날에도 친정이 아닌 법원 마당에서 밤을 보낼 수 있게 된 것을 감사한다는 내용이었다.

하지만 국토교통부도, 법무부도 여태껏 이렇다 할 반응을 보이지 않고 있으니 그때 좀 더 큰소리로 웃어 주었어야 했나 보다.

메아리 씨는 또 이 책 ≪세상의 바보들에게 웃으면서 화내는 방법≫에서 프로 작가와 아마추어 작가의 구분법을 명확히 제시했다.

"작가는 다른 작가들을 염두에 두며 글을 쓰지만, 아마추어는 자기 이웃이나 직장 상사를 의식하며 글을 쓴다."

그의 말을 들으니, 프로 작가가 되는 게 결코 어려운 일이 아니라는 것을 알 수 있다. 이제부터 나와 함께 글공부를 하는 이들은 절대 나의 이웃이나 친구가 아니다. 글을 가르치는 선생님도 교수나 상사가 아니다. 그저 나에게는 '다른 작가'일 뿐이다.

메아리 씨는 화를 내는 방법뿐 아니라 장수하는 길도 알려 주었다. 이름하여 ≪책으로 천 년을 사는 방법≫이다.

그는 인간이 죽음을 극복하는 방법으로 두 가지를 제시했다. 자식을 낳는 것과 책을 쓰는 것이다. 자식을 낳는 것은 유한한 개체로서의 인간이 자신의 유전자를 남김으로써 영원히 살고자 하는 본능일 것이다. 책을 내는 것도 자식을 낳는 것과 마찬가지라는 말을 메아리 씨는 물론 여러 작가들에게서도 숱하게 들어왔다.

딸이라는 자식은 쉽게 들어섰지만, '책'이라는 자식은 도무지 들어설 기미가 없다. 들어선다 해도 미숙아로 태어날 가능성이 크다. 그렇게 되면 이제껏 태평하게 살아온 나는 천년은커녕 타고난 수명도 누리지 못할까 걱정이 크다.

그럼에도 마음을 돌이켜 다시 노력해 보기로 결심했다. 그렇게 하는 것이 존경하는 메아리 씨를 오랫동안 기억하는 방법일 테니까.

chapter 6

누구나 혼자인 시대의 죽음

제 남편과
결혼할 분을 찾습니다

혹시 당신이 배우자보다 먼저 죽게 된다면 100세까지 살게 될지도 모를 그에게 어떤 말을 남길까?

암으로 죽어가면서 홀로 될 남편을 위해 공개 구혼에 나선 여자의 사연이 보도되었다(2017. 3. 8. 조선일보).

그녀가 일간지에 낸 구혼광고의 타이틀은 '당신은 제 남편과 결혼하고 싶을 겁니다'였다. 대부분의 중년 여성들이 나이를 먹어갈수록 남편에게 그다지 매력을 느끼지 못할 테니 광고의 효과가 의심스러웠다.

하지만 여자는 광고를 통해 '오늘 당신에게 멋진 남자를 소개하려고 한다'며 남편에 대한 설명과 그간의 결혼 생활을 자세하게 전했다. 또 '남편이 좋은 사람을 만나길 바라기 때문에 이 글을 쓴다'고 했다.

문장력 덕분인지는 몰라도 이 광고는 온라인에서 450만 번 이상의 조회를 기록했다. 그리고 기사가 실린 지 열흘 후 여자는 세상을 떠났다. 저세상에서도 자나 깨나 여전히 남편 걱정을 할 게 틀림없다.

임권택 감독의 영화 <화장>에는 그와는 반대의 여자가 등장한다.

죽어가는 아내를 돌보며 지쳐가던 중년의 남자는 부하 여직원에게서 받은 와인을 들고 아내의 병실에 들어선다. 평소 좋아하지도 않는 고급 와인을 들고 온 남편을 보자 아내는 남편에게 여자가 생겼을 거라는 직감이 스쳐 간다. 급기야 와인을 쓴 소주처럼 들이키고는 남편을 향해 울부짖는다.

"내가 빨리 죽어버렸으면 좋겠지!?"

아내의 장례를 치르고 돌아온 남자에게 커다란 택배 상자가 도착해 있다. 발송인은 아내였다. 상자 속에 담긴 것은 바로 '그' 와인이다. 한 병도 아닌 무려 세 병이 정성스레 포장되어 있다. 남자의 표정이 어땠는지는 기억에 없다. 남자의 표정보다 아내의 주도면밀함에 압도되었으니 말이다. '나는 네가 지난여름에 한 짓을 알고 있다'는 경고의 새로운 버전이니 말보다 효과 만점의 액션 아니겠는가.

투병 내내 남편이 그토록 헌신적으로 돌봐주었는데 그냥 모른 척 떠날 수는 없었을까? 그런데 뜻밖에도 주변 사람들의 생각은 나와 전혀 달랐다.

"그 '와인'과 잘해보라는 것 아냐? 이미 알고 있다고…"

아내가 보낸 와인은 복수나 비난이 아니라 남편의 새 출발을 격려하고 인정하는 것으로 여겨진다는 것이다. 정말 그렇다면, 남편의 새 사랑을 인정한다면 말로 확실하게 해줄 수는 없었을까. 남자는 오해인지 이해인지는 모르지만, 아무튼 새로운 관계를 발전시키지 않는다.

'와인'의 의미가 궁금해서 김훈의 원작을 찾아 읽었지만 소설에는 애초부터 그 장면이 없었다.

100세 인생의 반환점을 돌고 나니 아내를 떠나보낸 남자들도 늘어난다. 그들의 아내가 마지막에 무슨 말을 남겼는지, 혼자가 될 남편의 장래에 대해 어떤 메시지라도 남겼는지 모르겠다.

여성들이 많은 모임이나 강연에서 나는 '당신이 영화 속 그녀의 입장이라면 어떻게 하겠는가?'라는 질문을 던지곤 한다. 재혼을 해도 괜찮다는 의견이 많지만, 그렇다고 해서 말로 남길 생각까지는 없다는 대답이 우세하다. '산 사람 마음이니 죽는 내가 말한들 따르겠는가?'라지만 속마음은 글쎄…

절대 안 된다는 대답도 나오는데 이유는 '억울함'이란다. 실컷 고생해서 이룬 것을 다른 여자에게 넘겨줄 수는 없다는 것이다. 그러니 혹시라도 배우자가 억울하다는 생각을 갖지 않도록 평소에 잘 해주어야 할 것이다.

어쨌거나 당신이 배우자보다 먼저 죽게 된다면 혼자 남을 그에게 어떤 말을 남기겠는가?

저승길
소울메이트

문상차 장례식장에 도착하니 로비 전광판에서 고인들의 이름이 깜박거린다. 같은 시간 같은 장소에서, 목적지까지 같은 마지막 여행을 저마다 준비하고 있는 셈이다. 그렇다면 생전에는 일면식도 없었던 서로 간에 '장례식장 동기'라는 새로운 사회적 관계가 생겨날 수도 있겠다. 학연, 지연 등의 관계에서부터 산후조리원 동기에 이르기까지 온갖 인연을 소중히 여기는 우리 사회에서 장례식장 동기도 의미가 클 것 같다.

우리나라만 해도 1년에 약 25만 명이 넘게 사망하니 2분에 1명꼴이다. 안목을 넓혀 지구 차원에서 본다면 같은 순간에 임종을 맞는 이들도 있을 것이다. 그렇다면 그들은 저승길도 함께 가는 것일까? 아니면 출발지가 다를 테니 중간 어딘가에서 만나게 되는 것일까? 장례식장 동기들처럼 같은 장소에서 출발한다면 저승길 여정 내내 함께하는 것일까? 아니면 중간 특정 지점까지만 같이 가는 것일까? 짧은 시간이긴 하지만 저승에 다녀왔다는 사람이 최근 들어 늘고 있지만 도중에 다른 이를 만났다는 이야기는 들려오지 않는다.

현실보다도 더욱 있음직한 허구의 세계에서는 그런 사례를 찾아볼 수 있는데, 베르나르 베르베르의 ≪타나토노트≫라는 소설에서이다.

'영계(靈界, 어린 닭이 아니라 저쪽 세계란 뜻)' 탐사라는 막중한 임무를 부여 받은 '타나토노트(thanatonaut=thanatos 죽음+naut 사람. 즉 영계 탐사자)'들이 저승으로 떠난다. 하지만 이승보다 훨씬 살기 좋은 저승에 매료되어 임무를 저버리고 귀환을 거부하는 이들이 생겨난다. 당황한 본부는 이탈자를 끌고 올 또 다른 타나토노트를 보내고 급기야는 이탈을 막고자 팀을 묶어 파견하는 상황이 벌어진다. 이제 타나토노트들은 저승까지의 왕복 여정을 혼자가 아닌 '함께'해야만 한다.

소설처럼 저승길도 함께 갈 수 있다면 죽은 사람은 물론 남은 이들에게도 큰 위로와 안심이 될 것이다. 떠나보내는 입장에서는 사랑하는 이를 차마 그 먼 길에 혼자 보낼 수 없다는 염려와 걱정을 붙들어 맬 수 있을 테니 말이다.

뮤지컬 영화 <사랑은 비를 타고>에 출연한 미국 유명 여배우 데비 레이놀즈가 세상을 떠났다. 84세라는 적지 않은 나이였지만 사망 원인은 노환이 아닌 쇼크사였다. 딸이 심장마비로 사망했다는 소식에 충격을 받았다는 것이다. 쓰러지기 직전 '딸이 그립고 딸과 함께 있고 싶다'고 한 그녀의 말은 결국 유언이 되었고 또한 유언을 이룬 셈이 되었다. 또 하루 차이로 죽음을 맞이한 부부도 있다. 그들은 평소 자신이 배우자보다 먼저 세상을 떠나고 싶다고 말해왔다는데, 둘 다 소원을 이룰 수는 없는 일이었다. 그럼에도 둘 다 소원을 이루게 되었으니, 암을 앓던 아내는 남편보다 먼저 떠났고, 의식불명 상태였던 남편은 그 사실을 모른 채 다음날 눈을 감았다. 그런가 하면 한날 동사(同死)한 형제도 있다. 평생을 같은 수도원에서 지내면서 서로를 분신처럼 여겼던 쌍둥이 신부가 몇 시간 차이로 떠났는데, 사람들은 이에 대해 '경이로운 삶의 시적인 결말'이라고 말했다.

각별한 관계에 있는 두 사람 중 하나가 먼저 세상을 떠나면 남은 사람도 곧 뒤따라가는 경우가 많다. 그 이유를 두고 외로움과 스트레스 때문이라고 흔히들 말한다. 하지만 이렇게 단시간에 따라가는 것을 보면 그보다 더 근본적인 이유가 있는 게 아닐까 생각된다. 본인들도 모르는 무의식적인 약속이나 믿음 같은 것 말이다. '소울메이트'란 말은 영혼(마음)이 잘 통하는 사람이나 친구라는 뜻이다. 하지만 단지 생각과 마음이 잘 통한다는 뜻만은 아닐 듯싶다. 'soul'이란 단어에서 느낄 수 있듯이 생각과 감정 이상의 영적인 어떤 것 말이다. 영계(靈界)를 논하는 이들은 '어떤 사람들은 지상에 내려오기 전부터 서로 간에 잘 알고 있었고 지상의 삶을 함께 계획했던 동반자'라고 한다. 말하자면 태어나기 전부터 이미 끈끈하고 각별한 관계로 결속되어 있었다는 것이다. 그리고 서로 약속했던 삶의 여정이 끝나면 함께 복귀한다고 한다.

소울메이트가 꼭 배우자인 것만은 아니다. 어떤 이에게는 딸이고 또 어떤 이에게는 형제가 될 수도 있다. 그러니 이렇게 곧장 따라간 사람들은 먼저 떠난 소울메이트가 저만치서 자신을 기다리고 있는 것을 알았던 게 아닐까. 그렇다면 그들의 저승길은 행복한 여정이 될 수도 있겠다.

공동
희극 조항

가까운 사람을 잃고 나면 자신의 죽음 또한 선명해지기 마련인가 보다. 남아 있는 이들이 더욱 소중해지는 것도 그런 이유일 것이다.

리처드 커슨스 라는 중년의 남자는 세계 최대 케이터링(식음료 출장서비스) 업체인 영국 캠퍼스그룹의 회장인데 몇 년 전 아내를 암으로 잃었다.

아내를 잃은 비극을 겪은 후 커슨스 회장은 자신이 죽으면 두 아들에게 재산을 물려준다는 내용의 유언장을 썼다. 그는 여기에서 그치지 않고 일종의 특약이랄까 '공동 비극 조항'을 추가했다. 자신과 두 아들이 함께 죽는 일이 생긴다면 재산의 대부분을 기부하겠다는 내용이었다.

그런데 유감스럽게도 유언장을 작성한 지 1년 만에 셋이 한

꺼번에 숨지는 일이 일어났다. 아들들과 함께 탄 경비행기가 추락한 것이다(2018. 8. 22. SBS뉴스).

인터넷 기사에는 유언장을 쓴 후 실제로 그런 일이 일어났다는 사실에 충격과 놀라움을 표현하는 댓글이 많이 달렸다. 말이 씨가 되었다면서 불길함과 찜찜함을 토로하는 댓글도 많이 볼 수 있었다.

그러나 나는 일이 발생했다는 사실 자체보다도 그가 왜 특약사항을 넣었을까 하는 데에 더 관심이 갔다. 전제는 엄마를 잃은 아들들을 지켜야 한다는 아버지의 책임감이었을 것이다. 그러나 아내의 죽음을 통해 경험했듯 자신 역시 언제라도 죽을 수 있다는 불편한 진실을 받아들였기에 고민은 깊었을 것이다.

생명을 가진 유기체로서 자기를 보존하고자 하는 욕망과, 그럼에도 죽을 수밖에 없는 운명 사이의 갈등에서 인류의 모든 문명의 틀이 만들어졌다는 주장이 있다(어네스트 베커 ≪공포 관리 이론≫).

아이들과 함께 죽는 상황을 상정한 것은 그만큼 평소 아이들과 함께 지내는 시간이 많다는, 또는 많아야겠다는 깊은 뜻이 아니었을까. 또한 아이들만을 남겨 두고 죽는다면 재산은 상속될지라도 아이들의 행복까지 보장할 수는 없을 것이란 생각을 했던 게 아니었을까. 그렇다면 차라리 같이 가는 게 마음이 놓이겠다는 심정은 아니었을지 상상을 해본다. 내가 이렇게 추측하는 것은 지금 나의 심정이 그와 비슷할 것이기 때문이다.

평소 나는 언젠가 닥칠 그때 있어 남편을 먼저 보내고 곧 내가 뒤따라가게 되길 소망해왔다. 하지만 하나뿐인 딸아이가 지구 반대편으로 멀리 떠나자 나는 생애 말기 전략을 수정하기에 이르렀다. 그나마 딸아이가 떠난 곳이 저세상이 아니라 저 나라라는 사실에 안도하면서 말이다.

딸을 떠나보내고 우리 부부는 50대 중반 이른 나이에 노부부의 삶의 궤도에 진입하게 되었다.

둘만 남게 된 지금부터는 우리 둘 다 정신 줄을 꼭 붙들어야 한다. 언젠가 도달할 삶의 마지막 순간은 더욱 그래야 한다. 우리에게 있어 최선의 전략은 '함께 가는' 것이다. 남편을 두고 내가 먼저 간다면 저세상이 아무리 좋아도 나는 선뜻 떠날 수가 없을 것 같다.

커슨스 회장도 혹시 나와 같은 마음이 아니었을까 하는 생각이 든다. 물론 죽음이 마음대로 되는 것은 아닐 터이다. 그럼에도 나는 신념과 믿음으로 상당 부분 통제할 수 있다는 것을 주변의 사례들을 통해 배워왔다. 주변에 폐 끼치지 않기를 입버릇처럼 말했던 지인은 짧게 투병을 마쳤고, 서로를 끔찍이 위하며 지내던 노부부가 하루 차이로 세상을 떠났다는 뉴스도 들려왔다.

커슨스의 사건은 겉으로 봤을 때는 비극이지만 자세히 들여다보면 마음의 깊은 소망대로 이루어진 것이 아닐까 하는 생각도 든다. 그래서 나도 지난번 써두었던 유언장을 꺼내 '남편과 함께 죽는다면'이라는 조항을 추가하였다. '공동 비극 조항'이 아닌 '공동 희극 조항'으로 말이다. 재산은? 글쎄…

옵션
'B'

처음 K여사를 만났을 때 그녀의 메마른 입술이 두드러져 보였다. 나이다운 우아함이 돋보이는 그녀는 이후에도 입술 만큼은 맨살을 드러내고 나왔다. 다른 데는 안 해도 입술 만큼은 립스틱을 바르는 게 보통의 경우인데 말이다. 한참 후에야 알아낸 이유는 남편의 죽음 때문이었다. 그녀는 남편이 세상을 떠나자 스스로에게 두 가지를 약속했다고 했다. 3년 동안 립스틱을 바르지 않고 핸드폰 연락처에서도 삭제하지 않기로 했단다. 그녀에게 이 두 가지는 떠난 남편을 애도하는 방법이었다.

몇 달이 지나 그녀로부터 연락이 왔다. 생애 말기 치료에 관한 의사를 미리 밝혀두는 '사전연명의료의향서'를 쓰겠다는 것이다. 그녀는 어깨에 육중한 지지대와 거치대를 착용하고 있었다. 그동안 미끄러져서 크게 다쳤고 전신마취 수술도 했단다. 지금

보다 심한 상태로 석 달 이상을 고생하면서 자신의 마지막에 대해서도 진지하게 생각했다고 했다. 의향서를 작성하고 그녀는 뜻밖의 고백을 했다.

"한지붕에 누군가와 같이 살아도 괜찮을 것 같아…"

아프다 보니 혼자 지내는 게 너무도 힘이 들었단다. 효녀보다 악부(惡夫)가 낫겠다면서 다행히 3년도 끝나 간다며 멋쩍게 웃었다.

그녀의 말을 들으면서 최근에 읽은 ≪옵션 B≫를 떠올렸다. 이 책은 페이스북 공동 창업자인 세릴 샌드버그가 썼는데 그녀에 대해서는 익히 들어온 터였다.

처음 들었던 것은 그녀가 역시 페이스북 공동 창업자였던 유명한 남편을 잃었다는 뉴스였다. 며칠 후엔 그녀가 남편을 애도하는 발언들이 보도되었다. 유명 인사이니 남편을 애도하는 것도 뉴스거리가 되었나 보다. 세 번째로 들은 것은, 슬픔을 공개적으로 토로하던 그녀가 불과 1년 만에 새 남자를 만난다는 것이었다. 국내 신문도 이 사실을 대서특필하였다. 그때 나는 솔직히 '그렇게 슬프다고 난리를 치더니…'라는 생각을 했다. 그런데 우연히 이 책을 보면서 생각을 달리하게 되었다. 샌드버그는 책에서 이렇게 말했다.

"다른 사람을 사랑한다고 해서 예전 사람을 잊는 건 아니다."

최선인 줄 알았던 옵션 'A'가 사라져도 옵션 'B'로 최대한 자신의 삶을 살아가라는 것이다. 책의 제목 옵션 'B'는 새사람을 만나서 삶을 여전히 지속하는 것, 더 나아가 역경에서 주저앉지 않고 새 삶을 모색하는 것을 의미한다. 유대인인 그녀는 자신이 옵션 'B'를 선택하기까지 유대 전통의 힘이 컸다고 고백했다. 유대인 전통에서는 배우자의 경우 30일, 부모, 자녀, 형제의 경우에는 1년간 애도하는 것이 공식적으로 정해져 있다고 한다. 배우자의 기간이 부모 형제의 그것보다 짧다는 것이 놀라운데, 이는 자기 삶을 계속 살아가라는 의미라는 것이다.

우리는 떠나보낸 배우자를 애도하는 기간이 얼마나 되어야 하는지 알 수 없다. 배우자뿐이 아니다. 소중한 사람을 잃었을 때, 가족 같은 반려동물을 보냈을 때 얼마만큼의 날들을 애도해야 하는지도 알 수 없다. 사별 상담을 하는 이들은 6개월을 초과하면 상담을 받으라고 하지만 사람마다 사정은 다를 것이다. 사별한 이들을 바라보는 우리의 시선은 또 어떨까? 한편으로는 빨리 새사람을 만나라고 채근하면서도 막상 그렇게 되면 '아니 벌써?'라고 생각하는 건 아닌지.

K여사처럼 스스로 기한을 정해 놓고 애도하는 것은 좋은

방법일 것 같다. 또 유대 전통처럼 애도 기한을 공식적으로 정해 놓는 것은 어떨지. 삶의 그러한 위기에서 우왕좌왕 당황하는 것은 그러한 약속이나 관례가 없기 때문은 아닐까. 유대인처럼 기간을 정해 놓는다면 사별한 이들이 옵션 'B'를 찾아 나서는 데 도움이 될 수도 있지 않을까. 그러니 혹시라도 내가 먼저 간다면 00 동안만 기억해 달라고 말해 주면 어떨까? 그 후엔 당신의 삶을 살아가라고

고인을 위하여
건배

며칠 전 문상을 간 장례식장에는 부의금을 넣는 함이 없었다. 부의금을 일절 받지 않는다고 했다. 지인의 어머니인 고인이 '마지막 손님들께 한 끼 잘 대접해 드리라'는 말씀을 남기셨다고 한다.

마지막 가시는 길에도 손님들의 주머니 사정은 물론 끼니까지 챙겨주시다니 얼마나 감사한지 모르겠다. 그러니 고인이 원하는 곳이라면 천국이든 극락이든 어디든지 가시도록 진심으로 빌어드리고 싶었다.

요즘 들어 장례와 관련해서 느끼는 가장 큰 변화는 '곡소리가 줄어들었다'는 것이다. 빈소에서도 화장장에서도 애끓는 통곡소리는 확연히 줄어들었다. 이는 우리들의 감정이 무뎌진 탓도 있겠지만 고령화도 그 못지않은 요인인 듯싶다. 고인에게는 죄송한 일이지만, 사실 고령의 노인 장례식에 가보면 애통함과 슬픔보다는 은밀한 안도감과 해방감마저 느껴지는 때가 종종 있다. 몸과 마음을 온전히 되돌려주고 떠나기까지 긴 세월 지리멸렬한 과정을 겪다 보면 주변 사람들도 지치기 십상이니 그럴 만도 하다.

조문객의 입장에서는 고인을 애도하는 마음보다도 빈소 식당에서 지인들과 마주치는 반가움이 더 크다. 고백하건대, 나도 문상 온 지인들을 만나 반가운 나머지 무심코 건배를 외칠 뻔한 일도 있었다. 아차 싶어 황급히 잔을 내려놓곤 했는데 이번에는 진정으로 건배를 외치고 싶었다.

건배(乾杯)란 '하늘(乾)에 잔(杯)을 올린다'라는 뜻으로, 건강이나 행운을 빌기 위하여 같이 술잔을 들어 마시는 것을 의미한다. 원래는 신(神)에게 바친 신주(神酒)로, 죽은 사람에 대하여 행하는 종교적 의례였는데 이후로 살아있는 서로를 축복하는 뜻으로 변하였다.

원래는 '건배'가 산 사람보다 죽은 사람을 위해 하는 것이었다니 고인을 위해 건배를 드는 것이 이상할 이유가 없다. 더구나 이 고인은 갈 길이 바쁜 중에도 손님들 밥까지 챙겨준 여유로 보건대, 정신의학자 엘리자베스 퀴블러 로스가 말한 '죽음의 심리 5단계(부정⇒분노⇒협상⇒우울⇒수용)'를 성공적으로 거쳐 최종 단계에까지 이른 게 틀림없다. 사람은 이런 과정을 겪으면서 마지막 인격적 영적 성장을 이룬다지만 이는 보통 어려운 일이 아니다. 그렇다면 이토록 어려운 과정을 훌륭히 이루어내고 기꺼운 마음으로 떠나는 고인의 앞길을 축복해줄 수 있지 않겠는가.

자신의 장례식을 직접 준비하는 이들이 늘고 있다. 꽃이나 의복, 부고 내용이나 장례 형식 등을 미리 생각해두기도 하지만, 사람들이 모이는 곳이니만큼 음식을 빼놓을 수 없다. 손님들을 잘 먹여서 보낼 것을 당부하는 것은 물론이려니와 직접 메뉴까지 정해놓는 이들도 있다.

기욤 뮈소의 소설 《완전한 죽음》에는 와인 소믈리에가 자신의 장례식에 쓸 고급 와인을 정성껏 준비하는 장면이 나온다. 그러면서 그는 평소 자신이 가장 좋아하고 아꼈던 와인을 장례식장을 찾아준 조문객들이 맛보면서 자신을 추억해주기를 바란다고 말했다.

소설뿐 아니라 실제로 우리들의 주변에도 이런 사람이 있으니, 유명 식당을 운영한다는 어느 셰프는 훗날 자신의 장례식에서 문상객들에게 대표 요리 '테린(프랑스 시골풍 요리의 일종)'을 대접하겠다고 말했다. 음식을 먹으면서 테린에 담긴 자신의 삶을 추억해 주었으면 좋겠다는 것이다.

나는 평소 즐기던 산미구엘 맥주를 대접하고 싶다. 맥주 캔을 통째로 부딪치면서, 무더운 여름날 저녁에 함께 잔을 부딪치며 나눴던 유쾌한 웃음소리를 기억해 주기를 바란다. 그리고 나를 위해 건배해 주었으면 정말 좋겠다. 내가 세상을 떠날 때쯤이면 장례식장에서 이렇게 외치는 소리를 듣는 것도 낯설지가 않을 것 같다.

"고인을 위하여 건배!"

고양이
오스카

신기한 능력을 지닌 어느 고양이가 화제이다. '오스카'는 미국의 '스티어하우스'라는 호스피스 병원에 있는 고양이인데 병원이 반려동물 친화 시설로 지정되면서 동료들과 함께 들어왔다. 그전에는 '헨리'라는 길고양이가 요양원을 제집처럼 돌아다녔는데 우려와는 달리 노인 환자들이 오히려 활기차고 밝아졌다는 것이다. 환자들이 치매로 기억을 잃어가니 찾아오는 사람들도 점차 줄어들었다. 그러니 비록 고양이일망정 환자들에는 큰 위로가 되었을 것이다.

오스카는 헨리의 후임으로 온 6마리 중 하나였는데, 다른 고양이들과는 다른 점이 있었다. 의사가 회진할 때면 오스카도 따라다녔는데 회진 후에도 오스카가 나오지 않으면 해당 환자는 얼마 후에 숨졌다. 또 회진이 아니더라도 죽음이 다가오는 환자가 생기면 어느샌가 그 방에 들어가 환자가 숨을 거둘 때까지 침대 옆에서 함께 있어 준다는 것이다. 처음에는 '저승사자'니 '불쾌하다'니 등의 이야기가 나와 내쫓으려 했지만, 담당 의사는 고양이가 원인은 아니기 때문에 소신을 지켰다. 보호자의 방문이 뜸해지며 외로운 생활을 하고 있던 환자들은 자신의 곁을 지켜주는 오스카 옆에서 편안히 임종을 맞았다.

오스카의 행동에 대해 어느 동물 행동 연구가는 특정 냄새인 '케톤' 때문일 것이라고 추측을 했다. 케톤은 체내 인슐린이 급감할 때 간에서 생성되는 것으로서 임종 직전 환자 몸에서 많이 생성돼 특유의 냄새를 발생시킨다고 알려져 있다. 그러나 함께 지내는 여러 고양이 중 유독 오스카만 그런 행동을 보이는 것은 냄새 때문만으로는 설명할 수 없는 묘한 신비감을 불러일으킨다.

혼자 사는 사람 중에는 반려동물을 키우는 이도 많다. 반려동물을 키우지 않는 나로서는 그녀들이 주는 좋은 점보다는 아무래도 귀찮은 점들을 먼저 생각하게 된다. 특히 몸이 불편한 환자나 연로한 노인이 혼자 사는 집은 환경이 좋지 못한 경우가 대부분이다. 그런 환경에서 동물을 키우니 시도 때도 없이 날리는 털이며 배설물에 환자의 건강이 우려되곤 했다. 젊은 사람도 예외는 아니다. 자신도 돌보기 힘든데 무슨 동물까지 돌보냐 생각했지만, 이런 생각은 정서적, 심리적인 면을 전혀 무시한 것일 터였다. 오스카를 보니 정말 그러했다. 영국에는 외로움을 담당하는 장관까지 있다고 하지 않는가. 죽음을 재촉한다고 여길 수 있는 상황에서 오스카는 오히려 환영을 받았다니, 외로움의 무게를 알 수 있을 것 같다.

옛날 같으면 고양이 오스카는 재수 없는 존재로 천대를 받았을 것이 틀림없다. 그러니 오스카로서는 시대를 잘 타고나기도 했다. 그러나 죽음이 당겨진다 해도 누군가 함께 있어 주기만 한다면 기꺼이 감수하겠다는 심정의 표현일지도 모른다. 더욱이 사랑하는 사람이라면 최상일 것이다.

1인 가구가 증가하는 이 시대에 나의 마지막은 누가 지켜줄까? 또한 나는 누구의 죽음을 지켜 줄 수 있을까?

반려동물에게
상속하는 법

"강사님, 외국에서는 강아지한테도 유산을 주던데 그건 어떻게
된 겁니까?"

이번 수업은 유언과 상속을 주제로 한 시간이었다. 상속인
중에서도 특별히 공로가 많은 경우 '기여분'을 인정받을 수 있다
고 했더니 맨 앞줄에 앉은 80대 후반의 남자 어르신이 뜻밖의
질문을 하는 것이었다. 그에 대한 나의 답변은 대략 이런 내용
이었다. 글쎄, 외국에서는 반려동물도 상속권자로 인정되는지는
모르겠으나 적어도 우리나라는 아니다. '기여분'이란 본인이 자
신의 공로를 주장해야 하는 것인데 반려동물이 법정에 가서 자
신의 공로를 주장할 수 있겠나? 결국은 누군가 사람이 그네들을
데리고 가서 대리해줘야 할 텐데 과연 이 바쁜 세상에 그럴 사
람이 있겠는가 반문했다. 사실 그런 사례가 몇 번 보도되기도

했으니 질문도 무리는 아니었다.

미국 헴슬리 호텔 소유주 리오나 헴슬리는 2007년 세상을 떠나면서 반려견에게 1200만 달러를, 남동생과 손자 2명에게는 각각 1000만 달러씩을 유산으로 남겼다. 최종적으로 강아지가 받은 유산은 150만 달러(17억여 원)이었다. 샤넬의 유명 디자이너 라거펠트는 자신의 반려묘에게 우리 돈으로 약 2500억 원의 재산을 상속한다고 발표하였다.

오랜만에 만난 친구는 딸을 먼 곳으로 떠나보낸 내게 고양이를 키워보라고 적극적으로 권유했다. 내가 고양이에 대해 아는 것이라고는 '고양이는 잘 못해 주면 원수 갚는다'고 어릴 적 들은 게 전부이다.

그녀는 자신의 반려묘 얘기를 늘어놓기 시작했다. 고양이가 주는 삶의 기쁨과 희열에 대해 열변을 토하더니 급기야는 자신이 고양이보다 먼저 죽게 될까 봐 걱정이란 말도 했다. 유언장을 쓴다면 제일 먼저 고양이를 부탁하겠다고 했다. 아들들은 다 커서 엄마의 손길이 필요 없지만, 고양이는 그렇지 않다면서, 혹시라도 자신이 죽게 될 경우, 고양이를 잘 키워줄 사람이 있다면 1억 원도 줄 용의도 있다는 것이었다.

친구의 말을 듣고 보니, 며칠 전 복지관 어르신을 이해할 수 있을 것 같았다. 그분의 질문은 시비를 걸기 위해서도, 동물에게 정말로 상속권이 있는가가 궁금해서도 아니었을 것이다. 그저 지금 그분에게 가장 소중한 존재가 반려동물이었던 것은 아닐까? 어쩌면 그 어르신은 만일의 사태에 혼자 남게 될지도 모를 반려동물이 걱정되었을지도 모른다. '기여분'을 들으면서 사람이 아닌 동물을 먼저 떠올린 것은 아마도 그런 이유일 것이다.

반려동물에게 유산을 상속했다는 뉴스를 들을 때마다 의아했는데 친구의 말을 들으니 사실은 동물이 아닌, 맡아 키워줄 사람에게 상속한다는 뜻으로 이해가 되었다.

미국 변호사협회의 자료에 따르면, 미국 내 반려동물 소유주—아니, 지금은 '보호자'라고 부르는 것 같다—의 4분의 1 정도가 동물에게 유산을 남기는 것으로 나타났다.

내가 죽고 나면 누가 반려동물을 돌봐줄까? 반려동물을 위해 유산을 상속하는 것은 가능한가? 반려동물은 스스로 관리할 능력이 없을 텐데 어떤 방식으로 유산을 물려줄 수 있을까? 반려동물에게 직접 유산을 남겨야 할까, 아니면 잘 돌봐달라는 조건으로 믿을 만한 사람에게 남겨야 할까? 이 모두가 결국은 법적 문제가 될 테니 외국에서는 이것도 상속 설계의 테마라고 한다.

미국은 거의 모든 주에서 반려동물 상속 신탁이 허용된다. 이는 신탁법의 일종으로, 소유주(보호자)가 생전에는 재산을 신탁하고 사후에는 유산을 신탁하면서 반려동물을 돌볼 사람을 수익자로 지정하는 것이다.

최근 우리나라의 한 은행도 'KB(Pet)신탁'을 판매하기 시작했다. 고객(위탁자)은 은행에 자산을 맡기고 본인 사후에 반려동물을 돌봐 줄 부양자(수익자)를 미리 지정한다. 그리고 은행(수탁자)은 고객 사망 후 반려동물의 보호 관리에 필요한 자금을 동물 부양자에게 일시에 지급한다고 한다.

반려동물도 가족이 된 지금, 유언장에는 이제 한 가지 항목이 추가될 듯싶다.

누구나 혼자인 시대의
죽음

지인인 정 여사는 강원도 산골 마을 외딴집에서 혼자 살고 있다.

두 번째 인생을 꿈꾸며 산골 마을로 들어갔는데, 계획을 실천하기도 전에 남편을 떠나보냈다. 곧장 산골 마을에서 나올 법도 하지만, 그녀는 남편의 흔적을 간직하면서 꿋꿋하게 살고 있다. 찾아갈 때면 그녀의 집은 더 깔끔하게 정리되고 마당은 아기자기하게 꾸며졌으며, 작은 구석에도 주인의 정성과 세심한 손길이 느껴졌다. 최근에는 영화를 보기 위해 빔 프로젝터도 설치했단다. 늙어서 혼자라도 살아가려면 이 정도 정신력은 있어야 하지 않을까.

내가 찾아간 그때 정 여사는 통화를 하고 있었다. 보건소에서 방문을 할 거란다. 사람이 찾아온다니 일단 반가운 일인데,

방문 이유가 '독거노인 실태조사'란다.

독거노인 실태조사? 사전적으로 정의하면 틀린 말은 아니다. 65세가 넘었으니 법적으로 노인인 것은 맞고, 혼자 살고 있으니 '독거'도 맞다.

하지만 우리가 사용하는 단어들은 객관적 사실이나 의미만을 지칭하는 것이 아니다. 단어가 가리키는 대상을 보는 우리의 시선이나 태도도 담겨져 있다.

노인들이 소외감과 무력감을 느끼는 것은 노화 자체 때문이라기보다는 단어가 주는 뉘앙스 때문인지도 모른다.

노년을 지칭하는 모든 것은 '상실'과 관련되어 있지 '획득'과는 상관이 없다. 젊음을 상실했다고는 하지만 노년을 획득했다라고는 쓰지 않으니 말이다.

65세 이상 혼자 사는 노인이 100만 가구를 넘어섰다. 노인뿐 아니라 젊은이도 혼자 사는 젊은 1인 가구도 많다.

2015년 기준으로 1인 가구는 518만으로 27%가 넘었다. 전통적인 대가족제도에서 혼자 산다는 것은 듣기 거북하고 타인의 동정을 받을 일이었을 것이다.

하지만 1인 가구가 압도적인 요즘 시대에 '독거노인'이라는 말은 어색해 보인다. '독거 청년'이라는 말은 없는데 왜 노인에게만 독거를 붙이는 것일까? 독거란 용어는 노인층에만 해당하는 고유명사가 아니라 전 연령층 누구에게나 해당하는 보통명사가 되어야 하지 않을까.

중년층도 예외가 아니다. 지금은 배우자, 자녀와 함께 산다 하더라도 노년에까지 그런 생활이 이어질 거라고 기대하는 사람은 많지 않을 것이다. 배우자와 둘이 살다가 결국엔 누군가 먼저 떠나갈 테니, 배우자도 나도 독거 노인이 될 가능성이 무려 50%가 된다는 이야기이다. 그러니 지금 같은 핵가족, 1인 가구 시대에 혼자 산다고 해서 '독거'라고 부르는 것은 문제가 있어 보인다.

'독거사' 또한 마찬가지이다. 독거사는 곧 '고독사'를 의미하는 것으로 쓰이고 있는데, 집에서 혼자 살다 죽으면 정말 고독사일까?

일본의 사회학자 우에노 치즈코는 《누구나 혼자인 시대의 죽음》에서 '홀로 죽는다고 곧 외로운 죽음은 아니다'라고 말한다.

고독사는 그전부터 고독하게 살던 사람의 경우이고 혼자 살아도 고독하지 않으면 고독사가 아니라 '집에서 홀로 맞는 죽음'이라는 것이다.

간병과 의료, 간호를 해주는 전문가팀의 지원이 있다면 더욱더 고독사가 아니다. 그와 아울러 언젠가는 닥칠 우리의 죽음이 고독한 죽음이 아니기 위해서는 두 가지가 필요하다고 말한다.

첫째, 개인적 차원에서는 혼자 살아가는 '고독력'을 감내하고 체득할 것.

둘째, 사회적 차원에서는 고독사란 말 대신 '혼자 맞는 죽음'이란 말을 쓸 것.

누구나 혼자인 시대가 되고 있으므로.

chapter 7

영혼과 초월, 그 미지의 세계

영혼의
무게

힙합가수 김 아무개의 병역 기피용 '황당한 거짓말'이 사람들의 입방아에 오르내리고 있다. 그 거짓말이란 귀신이 보인다는 것이었는데 김씨는 이를 이유로 42차례에 걸쳐 정신과 진료를 받았다. 병원 측은 김씨에 대해 '상세 불명의 비(非)기질적 정신병(주로 환경적, 성격적인 것이나 욕구불만의 좌절로 인한 무의식의 갈등에서 기인함)'이라는 병명으로 병사용 진단서를 발급해주었다. 이에 대해 '귀신이 보이면 병역면제를 해줄 것이 아니라 해병대로 보내면 되지 않느냐'라는 냉소적 비난이 쏟아졌다(2015. 4. 29. 네이버뉴스).

군대에 가지 않으려고 체중을 무지막지하게 줄이거나 늘리고 심지어는 총을 쏘지 않으려고 손가락까지 잘랐다는 ―그런데 하필이면 왼손가락을 자르는 치명적인 실수를― 소문도 들려오곤 했다. '얼마나 입대하는 것이 싫으면 그렇게까지 했을까?' 라는 생각에 이르면, 여자로 태어난 것을 감사하지 않을 수가 없다.

이제 귀신을 본다는 것은 새로운 '건수'로 여겨지는 듯하다. 그가 귀신을 본다는 게 정말인지 거짓말인지 알 수는 없다. 하지만 안 보이는데 보인다고 말하면 거짓말이고, 실제로 보이면 정신병이라고 단정하는 것은 어쩐지 무리가 있어 보인다. 귀신이 있다는 것은 이미 우리의 용감무쌍한 '귀신 잡는' 해병대가 증명한 사실 아닌가. 자칫하다가는 해병대 전원이 환자 신세가 될지도 모르겠다.

숱한 패러디의 도자기 장면으로 유명한 영화 <사랑과 영혼>에는 사람과 함께 시종일관 귀신이 등장한다. 분명 귀신이지만 <전설의 고향>에 나오는 한 맺힌 원귀가 아니라 사람과 여전히 사랑을 주고받는 따뜻한 혼령이다.

우리나라에서 개봉하면서 원제 'ghost'와 달리 '영혼'이라는 순화된 제목을 쓴 것은 감동적인 그 내용 때문이기도 하려니와, 귀신에 대한 거부감을 고려했기 때문일 것이다. 제목을 <사랑과 귀신>이라고 붙였다면 이 영화의 운명은 어떻게 달라졌을지 모를 일이다.

그에 한참 앞서 영혼의 존재를 실험으로 증명하려 시도한 이가 있었다.

미국의 의사 맥두걸이라는 사람은 1907년에 당시 가장 정밀한 저울을 장착한 침대를 만들어 임종 환자 6명의 무게를 4시간 동안 측정하였다. 그리고 6명의 환자 모두 숨을 거두는 순간 갑자기 21g가량이 줄어든다는 사실을 밝혀냈다. 맥두걸은 이 21g이 영혼의 무게라고 주장했다. 숨진 환자의 몸에 인위적으로 숨을 불어넣어 봤지만 한 번 줄어든 의문의 21g은 다시 회복되지 않았으며, 개 15마리를 대상으로도 같은 실험을 했으나 몸무게 변화가 없었다면서 '개에겐 영혼이 없기 때문'이라는 해석을 덧붙였다. 지금 다시 실험해도 같은 결과가 나올지는 의문이지만.

맥두걸의 이 실험에 감동을 받았는지 멕시코의 알레한드로 이나리투 감독은 <21g>이라는 다소 난해한 제목의 영화를 만들었는데, '내 영혼의 무게는 얼마인가?'라는 역시 난해한 부제를 달고 있다.

그런가 하면 우리나라의 어떤 이는 영혼의 무게를 70~80g이라고 주장했는데 영혼치고는 육중한 무게이다. 그러면서 입덧은 태아의 신체 무게와 영혼 무게의 불균형 때문에 생긴다는, 믿거나 말거나의 설을 주장했다. 20에서 80이니 오차가 크지만 어쨌든 영혼이란 무게까지 가지고 있는 실체라는 입장에 있어서는 맥두걸과 맥을 같이 한다.

임종 환자들을 지켜본 사람 중에는 영혼이 연기처럼 뿌연 모습으로 빠져나가는 것을 목격했다는 이가 종종 있다. 또 산 자와 죽은 자를 연결해준다는 영매들은, 영혼들이 지상의 가족과 다양한 방법으로 접촉을 시도한다면서, 냉장고 문을 열었을 때처럼 차가운 느낌으로 감지된다고 말한다. 하지만 이런저런 이유로, 영혼으로서는 꿈속에 들어가는 것이 가장 쉽다고 한다. 영혼이 어디에 있느니 무게가 얼마이니 하는 질문들은 그 자체로 이미 우리의 인식체계의 한계를 증명하는 것이지만, 그럼에도 느닷없이 한기를 느끼거나 꿈속에서 고인을 만난다면 그 의미를 곰곰 생각해볼 일이다.

다리미도
마음이 있을까?

어제는 컴퓨터 프린터가 말썽이더니 오늘은 다리미가 속을 썩인다. 멀쩡하던 다리미가 스팀을 분사하지 않는다. 그제 아침엔 컴퓨터 부팅이 안 되더니 저녁에는 TV 리모컨이 먹통이 되질 않나, 또 그 전날에는 선풍기 리모컨이 행방불명되는 등 우리 집에는 기기와 관련한 각종 사고와 재난이 끊이지 않는다. 그러다가도 남편만 다가오면 연장도 들기 전에 복구가 되거나, 어떻게 했는지 보여달라는 말에 남편 앞에서 그대로 '재연(再演)'만 해도 살아나곤 한다.

상황이 이쯤 되면 나로서는 의아스럽기 짝이 없지만 '기계가 주인을 알아보나 봐요'라며 얼버무릴 수밖에. 미안한 마음에 '우리가 19세기 농경시대에 만났더라면 당신이 좀 편했을 것'이라고 하니 '낫이나 호미는 잘 다뤘겠냐'는 대답이 돌아왔다. 하지

207

만 나는 정말 억울하다. 나는 기기들이 작동을 못 하는 게 아니라 안 하는 거라고 믿고 있다. 남편의 존재 여부가 기기 작동에 이토록 영향을 미치는 것을 생각하면 집안 곳곳에 그의 사진이라도 걸어두어야 할 것 같다. 이쯤 되면 기계에도 마음이 있다고 생각하지 않을 수가 없다. 사람 같은 영혼까지는 아니라 해도 물건에도 각자의 주파수란 게 있다 하지 않는가. 주파수란 물체의 고유 진동수인데 재질, 크기, 모양은 물론 밀도나 주변 환경에 따라서도 달라진다고 한다. 그렇다면 이것을 물체의 '마음'이라 할 수 있지 않을까.

마침 지금 막 읽은 책에서 이러한 내 생각을 입증해 줄 대목을 찾아냈다. '그렘린 효과(Gremlim Effect)'라는 게 있는데 '그렘린'이란 비행기 고장을 일으키는 눈에 보이지 않는 악마를 뜻한다. 비행기는 정밀과 정확성의 상징이기에 결점과 오류가 용납되지 않는다. 그럼에도 전혀 뜻밖의 사고가 일어나는데 도저히 논리적으로 설명할 수가 없으니 악마의 소행이 틀림없다는 것이다.

또 '파울리 효과(Pauli Effect)'란 것도 있다. 볼프강 파울리(1900-1958)는 뛰어난 이론물리학자였는데 어찌 된 일인지 그가 실험실을 걸어가기만 해도 장비가 고장 나거나 오작동하고 심지어는 완전히 망가지거나 불타버리기도 했다(딘 라딘 ≪의식의 세계≫). 파울리 같은 뛰어난 과학자도 지나가면 불이 났다니 나 같은 사람이야 말할 나위가 없다. 그러니 지금껏 우리 집이 무사했던 것에 감사를 드려야.

반면, 발명가 에디슨은 아무리 복잡한 장치들도 금세 작동시키는 신기한 능력이 있었단다. 하지만 이를 전적으로 에디슨의 능력으로만 보기에는 무리가 있지 않을까. 기계들의 협조와 지원이 없이는 불가능했을 테니 말이다.

그렇다면 협조와 지원을 끌어낸 비결은 무엇이었을까? 일단 등잔 밑 남편부터 살펴보기로 했다. 그랬더니 남편은 나와 달리 손보다는 눈을 많이 쓰는 것이었다. 상황을 면밀히 살펴보는 데 비해 나는 손이 먼저 올라간다. 때리는 충격요법은 물론, 그들의 바람 따위와는 상관없이 플러그를 잡아 빼는 심폐소생술까지 하곤 했다.

또 책에는 극도의 근심이나 스트레스로 염력이 강화되면 기계의 오작동을 유발한다고 나와 있었다. 이 대목에서 나는 여태껏 기기들에게 악영향을 미쳐왔다는 것과 아울러 뛰어난 염력도 가졌다는 것을 알게 되었다.

우연과 공정의 최고봉은 '주사위 던지기'일 듯싶다. 최근 영국의 듀크대학 연구진은 주사위가 정말로 무심하며 초연한 지에 대해서 실험을 했는데, 놀랍게도 염력의 영향을 받는다는 결과가 나왔다. 이로써 정신과 물질은 상호작용한다는 것이다. 사람 사이의(정신과 정신 간) 의사소통도 어려운데 이제 물체와도(정신과 물질 간) 소통할 수 있다는 것은 좋은 일일까, 나쁜 일일까?

어쨌든 기기를 만지기 전에는 마음부터 다스릴 일이다.

내 죽음을
내가 알렸다!

수면내시경 검사를 했다. 마취 주사를 맞은 것은 기억이 나는데 그때부터 조금 전까지의 일은 도무지 깜깜이다. 아니 깜깜하다는 생각조차 하지 못했다. 아마도 의식이 잠시 꺼져 있었던 모양이다. 정치인을 비롯해 어떤 부류의 사람들은 '기억에 없다'는 말을 자주 하던데 그들도 이런 경험을 종종 하는 모양이다.

그런데 기억이 없는 동안 나는 잠을 잔 것일까? 비록 짧은 시간이었다고는 하지만 꿈 비스무리한 것도 없는 암흑, 아니 텅 빈 공간에 자리했던 듯도 하다. 그러니 잠과는 확연히 다른 느낌이다. 만약 마취에서 깨어나지 못했다면 나는 어떻게 되었을까? 아무것도 없고 심지어는 '나'라는 의식조차 없는 상태로 계속되었을까? 죽음이란 혹시 이런 것일까?

옛사람들은 잠과 죽음을 쌍둥이로 여겼다. 워터하우스가 그

211

린 <잠과 그의 형제 죽음>에는 쌍둥이 형제가 서로 기댄 채 잠들어 있다. 그림에서 잠의 신 히프노스와 죽음의 신 타나토스, 이들 쌍둥이를 구별하는 키는 양귀비꽃이다. 히프노스의 무릎에 놓인 양귀비꽃은 모르핀의 원료로 쓰이는데 모르핀은 다름 아닌 마취제이다. 그렇다면 히프노스가 잠든 상태는 평소의 수면이기보다는 조금 전에 내가 경험을 했던 마취 상태에 가까울 것 같다. 실제로 뇌전도(EEG)를 측정해 보면 얕은 잠, 깊은 잠, 약한 마취 상태, 깊은 마취 상태로 구분된다고 한다. 잠과 마취의 구분은 '의식'이다. 잠든 상태에서는 의식이 있기 때문에 꼬집거나 흔들면 깨어난다. 하지만 깊은 마취 상태에서는 의식이 없으므로 꼬집거나 흔들어도 깨어나지 않는다. '죽음보다 깊은 잠'이라는 것은 이런 상태를 역설적으로 표현한 것일 듯하다.

겨울이 되니 가스 질식 사고가 많아진다. 옛날에는 연탄가스로 밤새 안녕을 고하는 경우가 적지 않았다. 세월이 흘러 연탄이 사라지니 연탄가스 대신 난로나 부탄가스가 많아졌다. 10대 어린 학생들이 체험학습 길에서 가스 질식으로 집단 사망한 일이 있었다. 중년 남성의 낚시터 사고도 있었다. 연탄이든 부탄이든 일산화탄소를 피하기는 어려운 모양이다. 집을 떠난 뜻밖의 사고사에 가족들의 충격은 말할 것도 없다. 그렇다면 죽은 본인들은 어떨까? 죽은 사람들의 입장을 묻다니 이상하게 들릴 수도 있겠다. 마치 '죽은 당신을 상상해 보라'는 주문처럼 말이다. 그렇다면 '죽은'이 아니라 '죽어 가는'으로 질문을 바꿔보자. 사후 세계니 영혼이니 하는 것은 별개로 치고 죽는 순간까지의 과정에 한정해서 생각해보자.

질병으로 서서히 죽어가는 경우는 말할 것도 없지만 교통 사고 같은 경우에도 찰나의 순간일 망정 자신이 죽게 된다는 것을 알 수 있을 것이다. 그 순간 이게 '팩트'인지 믿을 수 없어 당황스럽고 심경이 복잡할 것이다. 그럴망정 최소한 죽는다는 것만큼은 알아야 하지 않겠는가. 일생일대의 가장 큰 사건이니 말이다.

가스 질식의 경우는 어떨까? 서서히 질식되어 가면서 '이제 죽는다'는 것을 알게 될까? 그렇다면 깨어나려 애쓰지 않을까? 의식과는 달리 몸이 말을 안 들을지도 모르겠다. 하지만 혹시라도 조금 전에 내가 경험했던 마취 상태와 비슷한 것이라면 사실을 알아채지도 못한 채 죽을 수도 있지 않을까. 그렇다면 죽음은 전혀 두려워할 것이 아닐 터이다. 대신 지독한 허무감은 따라오겠지만 말이다. 그 말은 곧 인간도 결국은 전원이 꺼지는 컴퓨터나, 고장 난 로봇과 다르지 않다는 의미가 될 것이다.

　그러니 이 대목에서는 난해하기로 유명한 칸트(Immanuel Kant, 1724~1804) 선생을 부득이 모셔와야 할 것 같다. 그는 인간의 이성은 완전을 향해 가는데 한 번의 삶으로는 절대 완성할 수 없다며 이렇게 말했다.

　"몇 번의 삶 정도는 필수적으로 요구되며, 신의 존재 또한 요청된다."

　칸트의 이러한 주장을 '요청론적 유신론'이라고 하는데 무식쟁이 나도 이에 용기를 얻어 감히 영혼을 요청하기로 했다. 거창하게 말하면 '요청론적 영혼론'인 셈인데 그 이유는 혹시라도 그런 일을 당할 경우 적어도 내 죽음을 내가 '알아야' 하기 때문이다.

죽었다가
살아났다고?

부천의 한 병원에서 죽은 사람이 되살아났다. 이 병원에서 80대 노인이 사망 판정을 받았는데 1시간여 후 시신 안치를 위해 신원을 확인하는 과정에서 몸에 덮인 천이 움직였다는 것이다. 곁에 있던 사람들의 간이 떨어졌을지도 모를 일이다. 노인은 이틀 만에 음식을 섭취할 만큼 호전되었고 가족들도 제대로 알아보는 등 의식도 예전보다 훨씬 또렷해졌는데, 이런 일은 의사들도 처음 겪는 것이라고 했다(2017. 5. 12. 조선일보). 또 몇 년 전에는 이란에서 교수형을 당한 사형수가 되살아난 난감한 일도 일어난 적이 있다.

죽었다가 살아나는 사람들은 옛날에도 종종 있었다. 옛날 장례에서 3일장을 치른 것은 혹시나 살아날지도 모른다는 기대감 때문이었다. 전통 장례 모습에서도 그 같은 바람이 나타나 있다. 임종 후에 '속광(屬纊, 망자의 코에 솜을 대어 확인)', '고복(皐復, 지붕 위에 올라가 망자의 혼을 부름)'에 이어 3일간 빈소에 모셔 둔 후에야 비로소 입관을 했다. 서양에서도 혹시라도 관에서 살아나는 경우 알릴 수 있도록 관에다 비상벨을 달아두기도 했다. 요즘엔 거의 병원에서 임종하고 곧바로 냉동실에 들어가니 살아나고 싶어도 살아날 수 없는 상황이 되었다. 그러니 관에 손톱 자국이 남아 있다느니 하는 으스스한 뒷담화도 들려온다. 그럼에도 최근 들어 되살아난 사람들이 많아지고 있다. 이유는 다름 아닌 심폐소생술 때문이다.

심폐소생술로 살아난 사람들이 심장이 멎은 동안 일어난 일을 의사에게 이야기하기 시작한 것이다. 소위 '임사체험'이다. 임사체험은 NDE(Near Death Experience), 근사체험이라고도 불리는데, 레이먼드 무디라는 미국의 정신과 의사가 환자 150명의 경험을 책으로 낸 것이 시작이었다. 그러나 심장만 멎었지 뇌가 완전히 정지하지 않은 상태이므로 진정한 죽음이 아니라는 비판도 따랐다. 뇌가 일으키는 착각이라는 것이었다.

신경외과 의사 이븐 알렉산더 역시 임사체험을 부정하다

가 자신이 경험한 후 비로소 객관적 현상이요, 사실로 인정하기에 이르렀다. 그가 최근에 쓴 <나는 천국을 보았다>는 2편이 나올 정도로 센세이션을 일으킨 바 있다.

완전히 죽은 게 아니고 되돌아왔기에 완전한 저세상 경험은 아니라 할 수 있으나 살짝 문틈으로 들여다본 정도는 되지 않을까. 음식도 꼭 맛을 보지 않아도 냄새로도 어느 정도 맛을 짐작할 수 있으니까 말이다.

임사체험자들의 경험에는 공통점이 있다. '육체에서 빠져나온다 ⇒ 공중에서 자신의 신체를 내려다본다 ⇒ 터널을 통과한다 ⇒ 밝은 빛의 존재를 만난다 ⇒ 자신의 인생을 반추한다'는 것이다. 그리고는 다시 돌아가라는 강한 메시지를 받는데, 대부분 자신의 몸이 더러운 옷으로 느껴져 육체로 돌아오기 싫었다고 고백한다. 그리고 임사체험의 결과 죽음이 두렵지 않게 되었다고 말한다.

13세기를 전후한 유럽의 몇몇 종교화에서는 망자의 영혼이 터널을 통과하는 장면을 볼 수가 있다. 또한 무디 박사보다 무려 130여 년이나 앞서 1843년에 나온 찰스 디킨스의 소설 <크리스마스 이브>에도 스쿠르지가 환상 속에서 자신의 인생을 반추하는 장면이 나온다. 이런 것들을 보면 '임사체험'이란 말이 생겨나기 전에도 이런 이야기들이 널리 퍼져 있었던 것이 아닐까 싶다. 그러다가 현대에 이르러 의사들의 권위에 힘입어 설득력을 얻은 듯싶다.

부천 노인의 소생은 심폐소생술과는 무관했다. 이에 대한 의료계의 공식 입장은 떨떠름해 보인다. 죽었다가 살아난 성경 속 인물 나자로에서 따와 '나자로 증후군'으로 설명한다. 이는 간혹 있는 일인데 명확한 설명이 안 된다면서 사망 판정을 내릴 때 신중한 관찰과 접근이 필요하다는 원론적 입장이다.

베르나르 베르베르의 소설 <타나토노트>에는 인류의역사를 바꾼 3대 사건이 나오는데, 1492년의 아메리카 대륙 발견, 1969년의 달 착륙, 그리고 이어 마지막 세 번째는 아직 오지 않은 미래의 일로서 영계 착륙이란다. 베르나르는 책에서 그 시기가 2065년이라고 분명히 이야기했는데, 진위가 궁금하다면 그때까지 살고 볼 일이다.

동물도
영혼이 있을까?

T는 자신의 반려견 까불이가 '소천'했다고 말했다. 그녀는 자신의 강아지가 하늘나라에 갔다고 굳게 믿고 있다. 그런가 하면 나는 직업이 직업인지라, 반려견과 반려묘도 천국에 가느냐는 어려운 질문을 주변으로부터 종종 받곤 한다.

그런데 17세기 근대철학의 문을 열었다는 데카르트는 이렇게 주장했다.

"동물은 인간과 달리 이성이 없어서 오직 본능에 의해 움직인다."

본능은 곧 자연법칙에 따른 기계적 운동으로 귀결되니 '동물은 곧 기계'라고 정의한 것이다. 이른바 '동물 기계론'이다.

300여 년이 지난 1907년에는 영국 의사 맥두걸이라는 사람의 실험 결과가 의학저널에 게재되는 일도 있었다. 사람과 달리 강아지는 죽기 전후 몸무게 변화가 없었기에 동물은 영혼이 없다는 것인데, 이로써 데카르트의 동물 기계론을 뒷받침해 주었다.

평소 동성애와 외계인에 대하여 관대한 입장을 표명했던 프란치스코 교황은 이렇게 말씀하셨다.

"우리 모두가 천국에 갈 수 있다고 생각하면 영적인 힘을 얻게 된다. 이런 경이로운 (하느님) 뜻의 실현은 우리 주변의 모든 것에 영향을 준다."

이 발언에 대해 이탈리아의 일부 매체는 '교황은 동물도 천국에 갈 수 있다고 믿고 있다.' '구원에 대한 소망을 동물과 모든 피조물에까지 확대하였다.'라고 해석, 보도하였다.

'우리'라는 말이 과연 어디까지 포함하는 것인지 모호하긴 하지만 기존의 보수적 가톨릭의 입장에서 벗어난 것은 틀림없다.

성경에서 하나님이 인간에게 동물을 다스리라고 말씀하신 것을 근거로 "동물은 영혼이 없기 때문에 천국에 갈 수 없다."라는 것이 가톨릭의 공식 입장이었다.

전임 베네딕토 16세는 고양이를 무척 좋아했지만 "동물의 죽음은 지구상에서 끝나는 것이다."라고 했다. 또 그보다 한참 이전 비오 9세는 "개나 동물은 자각 능력이 없다."라면서 동물의 사후세계를 인정하지 않았다. 그러나 반대 입장을 취한 교황도 있었으니 "천국은 하느님의 모든 피조물에 열려 있다."라고 한 바오로 6세와, "동물도 영혼이 있으며 인간만큼 신과 가깝다."라고 한 바오로 2세이다. 하지만 교황청은 논란을 의식해 이를 널리 공개하지 않았다고 한다.

최면을 통해 영혼의 세계를 연구하는 사람 중에는 태어나기 전까지 시간을 거슬러 올라가는 이들도 있다.

마이클 뉴턴도 그중 한 명인데, 유명한 저서 ≪영혼들의 여행≫에서 동물에 대해 언급하고 있다. 그에 따르면 매년 학교에 입학생과 졸업생이 생겨나듯이 영계 또한 졸업생과 입학생으로 교체가 된다. 졸업생은 마침내 윤회에서 벗어나게 되는 성숙한 영혼들이다. 반면 입학생은 영계에 새로 편입되는 이들로, 이제 막 동물에서 인간으로 막 승격된 초급 영혼들이라는 것이다. 그렇다면 동물도 저마다 영혼을 가지고 있는 것은 물론 그 수준 또한 각각 다를 터이다.

게다가 요즘엔 동물교감가(animal communicator)들도 있는데 이들은 살아 있는 동물은 물론 죽은 동물의 영혼과도 소통이 가능하다고 한다.

잭 빈츠라는 수사는 ≪다시 만날 거야≫라는 책에서 이렇게 말한다.

"강아지도 천국에 갈 것이다. 그래야 당신이 행복하다면"

정말 천국이 있다면 천국은 바로 이런 곳이어야 할 터이다. 결국 우리가 사랑한 반려동물은 제 자신을 위해서 뿐 아니라 남은 우리를 위해서도 천국에 가야만 하기 때문이다.

어떤
고소

"내가 나 낳아달라고 했어? 했느냐고? 인생은 고해라며? 근데 왜 나를 낳아서 이 고생을 하게 하는 건데? 아빠 엄마가 어쩌다 가 만든 거잖아!"

바다 건너 멀리 인도에서 들려온 말인데 어디선가 많이 들 었음직한 말이다.

호기가 하늘을 찌르는 27세 인도 청년이 자신을 동의 없이 낳았다며 부모를 고소하겠다고 한단다. 라파엘이라는 이 청년은 자식을 강제로 태어나게 하고 직업을 갖게 하는 것은 유괴 납치 및 노예화와 다를 바 없다며 부모를 상대로 소송을 하겠다고 말 했다. 한발 더 나아가 자식을 강제로 태어나게 한 '부모의 쾌락 과 즐거움'도 비난했다.

자칭 인구 억제주의자라고 주장하는 그는 '이 험한 세상에 아무 생각 없이 자식을 내지르는 것은 삼가야 한다'면서, '자식의 미래를 위해서도 도덕적으로 옳지 않다'는 명분을 내세우고 있다(2019. 2. 8. 네이버뉴스).

돌이켜보면, 나도 그런 생각을 많이 했다. 부모님에게 서운한 일도 원망스런 일도 많았기 때문이다. 대학생이 되어 머리가 커지자 어설프게 읽은 쇼펜하우어에게서 큰 감동을 받았는데, 바로 라파엘의 논리 그대로였다. "갓난아기의 한 방울 눈물을 보상해 줄 수 있는 것이 세상에 아무것도 없다."라는 철학자 쇼펜하우어의 말에 격하게 동의했다. 나는 결혼도 하지 않을 것이고, 혹시 한다 해도 자식만큼은 절대 '내지르지' 않을 거라는 다짐도 했다.

그런데 어느새 나이가 들고 보니 자식을 '내지른' 것은 물론, 그 옛날 내가 했던 말을 이제 듣는 처지가 되었다. 인도 청년의 이야기를 들었을 때 낯설지 않은 느낌이었던 것은 딸아이가 떠올랐기 때문인지 모른다.

청년에 대한 반응은 부정적 의견이 대부분이다. '좋은 정자들을 짓밟고 이 세상에 태어난 나쁜 정자가 바로 너야'라는 댓글도 달렸다지만 사람이 정자로만 만들어지는 것은 아니지 않는

가. 나 같으면 '나도 너 같은 애를 원했던 게 아니야. 왜 하필 네가 왔니?'라고 맞받아쳤을 것이다. 너무 유치한가.

하지만 따지려면 신(神)에게 따져야 하지 않을까. '뉴델리에서 뺨 맞고 갠지스 강에서 눈 흘기는' 태도가 아니고 무엇이랴. 청년의 부모는 변호사여서인지 대인배여서인지 모르지만 그래도 자식이라고 감쌌다. 두려움 없고 독자적 사고를 가진 젊은이로 성장한 것을 기쁘게 생각한다니 대단한 부모들인 것 같다. 거기에 덧붙인 엄마의 말은 정말 압권이다.

"네가 태어나기 전에 아빠 엄마가 어떻게 너에게 사전 동의를 구할 수 있었을지에 대해 합리적 설명을 제시한다면 내가 실수를 인정하마."

과연 변호사답다.

청년의 이야기를 접하면서 떠오르는 이가 있으니, 마이클 뉴턴이나 브라이언 와이스 같은 최면요법가들이다. 이들은 최면을 통해 전생이나 영계(靈界)를 연구하는데 그들에 의하면 우리는 세상에 오기 전에 삶의 청사진을 미리 결정한다. 여기엔 본인 자신의 선택도 큰 비중을 차지한다.

이러한 주장을 황당하다고만 볼 수 없는 것이 불교에서도 같은 맥락의 이야기를 하기 때문이다. 출생이란 본인과 부모가

업력(業力)에 의해 서로 이끌린 결과라는 것이다. 그렇다면 이제 와서 부모에게 따지는 것은 올챙이가 알(卵)이었을 적 기억을 못 하는 것일 뿐이다.

또한 최면요법가들은 "가족이란 영계에서의 약속에 따라 지상에 다시 모인 것이다."라고 말한다. 장애를 가지고 태어나는 등 특히 연약하거나 '부족한' 가족 구성원은 지금은 기억할 수 없는 어떤 영적 약속에 따라 다른 가족 구성원의 짐을 대신 진 사람일 수도 있다. 이 말이 사실이든 아니든 가족에 대해 너그러운 연민의 마음을 갖게 하는 데는 도움이 되는 것 같다. 사실 가족만큼 힘든 사이도 없을 테니 말이다.

로봇 스님
모시기

죽음 앞에 놓이면 성직자를 찾는 게 인간의 본성인지도 모르겠다. 최근 일본에서는 장례식 전용 로봇 스님이 등장해 화제다. 장례식에서 스님을 대신하여 불경을 독송하기 위해서다. 사람 스님이 독경을 하면 24만 엔(약 250만 원)이 들지만, 로봇 스님은 5만 엔(약 52만 원)으로 충분하다고 한다 (2018. 10. 3. 중앙일보).

중세 시대 서양에서는 흑사병이 돌면서 수많은 사람들이 죽어 나갔다. 당시 사람들에게 성직자 없이 죽는다는 것은 일종의 '고독사'를 의미했다. 늘어나는 사망자들로 인하여 당연히 장례를 치러줄 성직자가 부족하게 되었다. 그러니 성직자를 모시지 못한 채 임종을 맞게 될 사람들을 위해 그 지침을 목판화로 새겨서 보급했다. 이것이 일명 '죽음의 기술(아르스 모리엔디; ars moriendi)'이다. 가르칠 교사가 부족하니 자습서를 만들어 대신

한 셈이다.

옛날 아르스 모리엔디가 성직자의 부족에서 기인한 데 반해 일본의 로봇 스님은 비용 측면에서 비롯되었다고 할 수 있다. 로봇 스님이 독송하는 것을 지켜본 어느 스님은 '종교의 핵심은 마음인데 과연 이 로봇이 마음을 전달할 수 있을지 의문'이라고 지적했다. 그런데 도대체 마음을 누구에게 전달한다는 것일까? 저세상에 있을 망자에게? 아니면 망자에게 영향력을 행사할 신(神)에게?

우선 망자의 입장에서 생각해 보자. 자손들이 돈과 시간과 정성을 들여 제사를 모셔 준다면 망자로서는 그야말로 '울트라 캡킹왕짱'일 것이다. 하지만 먹고살기도 바쁜 요즘 세상에 그나마 잊어버리지 않고 기억해 주는 것만도 고마운 일일 터이다. 게다가 요즘 어르신들은 선물도 물품보다 현금을 선호한다고 하니 저승에 간들 그 실용적 바람이 갑자기 바뀌지는 않을 것 같다. 사실 돈을 들인다는 자체가 정성이고 성의 아니겠는가. 설사 정성이나 마음 따위라고는 없이 돈으로 때운다고 치자. 그렇다 해서 아무 의미가 없을까?

우리 집에도 TV와 음악을 전담하는 '지니'라는 이름의 투명 로봇이 있는데 명령하는 대로 음악도 찾아서 틀어주고, TV 채

널도 원하는 대로 돌려준다. 그뿐 아니다. 하나뿐인 딸자식에게서도 지금껏 들어보지 못했을 정도로 목소리도 공손하고 사랑스럽다. 그러니 지니의 대답을 들으면 일순간 정서적 만족감까지 샘솟는다. 젊은 여성 목소리니 남편의 만족도는 더 클 것이다. 이처럼 행위가 진심이냐 아니냐는 나의 만족도에 별 영향을 미치지 않으니 로봇과 결혼도 했다는 사람의 마음을 조금은 알 것도 같다.

신(神)의 입장에서 본다면, 누구를 시켜서든 독경을 읽어드리는 것은 전통적이고 보편타당한 주장일 것이다. 독경은 살아 있는 사람은 물론이려니와 죽은 이들을 위해서도 당연한 것으로 여겨져 왔다. 산 사람들의 기도가 망자의 죄까지 감면을 해주고 망자들의 진로에까지 영향을 미치려면 신의 마음을 움직여야 하지 않겠는가. 그렇다면 각 종교마다 그들의 신이 원하는 방식으로 기도든 염불이든 드려야 할 것 같다. 그러니 예법에 무지한 가족보다 프로페셔널한 로봇 성직자가 그것을 하는 것이 좋을지도 모른다.

자손의 입장에서도 독경을 읽어드리는 것이 유용한 것은 말할 것도 없다. 본인이 직접 못했더라도 어쨌든 챙겨드렸으므로 죄책감은 면할 수 있을 터이다. 설사 날짜 기억까지 용역을 주었다 한들 말이다. 부모가 자녀를 학원에 보내면서 '안심 비용'

을 지출했듯이 이제 자식들도 부모를 위한 안심 비용으로 보답할 수 있겠다. 이러한 사항들을 종합해볼 때, 정성이 없어도 망자와 자손 양쪽 모두에게 문제가 없음은 물론, 이익이 된다는 결론에 도달하게 된다.

그런데도 왠지 마음 한구석이 찜찜하다.

죽기 전에 장례식 부고 명단을 손수 작성하는 이들이 늘고 있다. 부고 명단에는 자신의 죽음을 알려야 할 사람뿐 아니라, '내 죽음을 적에게 알리지 말라'는 대상도 있는데, 나는 거절 명단에 한 인물을 추가하겠다. 생전에 일면식도 없었던 '로봇 성직자'는 절대 사절이다.

삶을 깊이 이해하면 할수록
죽음으로 인한 슬픔은 그만큼 줄어들 것입니다.

– 톨스토이

오늘이 내 생의 마지막일지라도

초판 1쇄 인쇄 2019년 8월 23일
초판 1쇄 발행 2019년 8월 27일

지은이 박재연
펴낸이 이태선
펴낸곳 창작시대사

등록번호 제2-1150호(1991년 4월 9일)
주소 경기 고양시 덕양구 행주로 83번길 51-11 (2층)
전화 031-978-5355 **팩스** 031-973-5385
이메일 changzak@naver.com

ISBN 978-89-7447-220-7 03330
값은 뒤표지에 있습니다.

＊ 이 책의 내용에 대한 무단 복제와 무단 전재를 금합니다.
＊ 잘못된 책은 구입하신 곳에서 바꿔 드립니다.